네트워크 마케터 **이혜숙**이 그린 **꿈의 지도**

4,300원의 자신감

이혜숙 지음

여러분의 인생에 아직 최고의 기회는 오지 않았습니다.
여러분이 저의 말을 잘 듣고 제가 하라는 대로만 한다면 당신은
놀라운 일을 경험하게 될 것입니다.
여러분은 저를 믿고 제가 시키는 대로 하기만 하면 됩니다.
저도 제 능력의 110퍼센트를 발휘할 것이며
여러분을 위해 최선의 노력을 다할 것입니다.
과거에 당신이 어떻게 살았는지는 중요하지 않습니다.
저와 함께하는 이 시간만이 중요합니다. 저는 확신합니다.
정상에서 만날 수 있다고!

- 이혜숙 사장님의 강의 중에서-

스마트하게 사는 이들에게 보내는 희망 시

새벽을 알리는 나팔수

가슴이 하얗게 변했습니다.
많이 즐겁고, 감사하고, 가슴 설레었던 나날들
서로의 성공을 위해, 꿈을 이루기 위해 격려했던 나날들
아린 마음이 오래도록 가슴 한편에 자리하고 있습니다.
꿈을 이루기 위해 열정으로 다가온 그대들에게
좀 더 많은 정을 나누기를 기대하고 있었는데
조금만 더 손잡고 이끌어주었더라면
성공의 궤도에 멋지게 들어섰을 분들이었는데
조금만 더 참으면 반드시 꿈이 이루어진다고 달랬더라면
내 그릇이 이렇게 작았었나 뉘우침으로 가득합니다.

가슴이 막막합니다.
이렇게 좋은 사업이 세상 어디에 또 있느냐고
내가 그 본보기가 아니냐고
보여주고 알려주었는데
내 곁을 떠났어도 모두가 건강하시고
좋은 일만 있기를 기원합니다.
그리고 좋은 인연 가슴에 새기고 기다리겠습니다.
사람 냄새가 나는 분들이기에
제발 그 꿈만은 버리지 말라고
올해도, 다음해도
 10년, 20년, 30년 후에도
이 사업은 반드시 성공하는 사업이라고

새벽이슬로 단장하고 솟아나는 죽순처럼
이 새벽에도 잠을 이루지 못하고 깨어 있는 것입니다.
꿈을 이룩하여 성공의 절정에서 포효하실
또 다른 세대를 위해
흰 새벽, 꿈 때문에 벅찬 가슴을 두드리는 분들을 위해

모두가 잠든 이 시간

나는 나팔을 불어야만 합니다.

내가 왜 이 사업을 하고 있는지를 알려야만 합니다.

매일 새벽 이메일을 보내는 이유입니다.

산과 들에 지천으로

진달래 물결 일면

멍울진 가슴에도 꽃바람 일렁일까

가슴에 새겨놓은 영롱한 눈길들

계곡에 고인 물 속에

투명하게 떠오르는데

꿈을 접어 팽개치고

먼 곳으로 휘휘

길을 떠난 사람아

진달래 불길 타오르면

타다 남은 마음에도 꽃불이 살아날까

놓쳐버린 꿈을 찾아 되돌아설까

피었다가 지는 그리움이라면
차라리 피지를 마라
기다리는 아픔으로 밤을 밝힌다.
사랑했노라
그리고 사랑하노라
행복했노라.

차례

글을 시작하며

지금, 시작해도 늦지 않아　14

Chapter 01
나는 평범하게 살지 않기로 했다

01 박수 칠 때 떠날 수 있는 삶 ——————— 22
02 노후연금을 하나가 아닌 서너 개로 만든다면? ——— 27
03 내가 정하는 몸값, 남이 정하는 몸값 ——————— 34
04 100세 시대, 인생의 시나리오를 다시 쓰자! ————— 39
05 내 인생을 바꾼 네트워크비즈니스! ——————— 47
tip 로버트 기요사키가 말하는 부자들에게서 배우는 6가지 교훈 ——— 52

Chapter 02

왜
내 말을
못 알아들을까

01 첫 달 수입 4,300원	56
02 나를 바꾸는 10년 계획 세우기	62
tip 1만 시간 노트 만들기	66
03 비결은 성실함에 있다	67
tip 나의 지표 찾기	70
04 스펙 없이도 성공할 수 있다	71
05 세계는 하루하루 급속하게 변화하고 있다	76
tip 시스템에 주목하라	79

Chapter 03
네트워크비즈니스,
어떻게
가능한가?

01 네트워크비즈니스, 정말 돈이 될까? ———————— 84
02 당신은 어떻게 부자가 되었습니까? ———————— 92
03 빨리 이해하는 사람, 늦게 이해하는 사람 ———————— 100
04 주방세제와 치약이 가져다준 마법 ———————— 105
tip 세미나 참여는 사업 성공에 얼마나 기여할까? ———————— 111
05 네트워크비즈니스는 팀워크 비즈니스다 ———————— 113

Chapter 04
기회는
늘
지금뿐이다

01 왜 열심히 일하고도 부자 되기가 힘들까? ——————— 124
02 한 달 200만 원도 못 버는 변호사들도 있다 ——————— 131
03 성공하려면 도구와 방법을 바꾸어야 한다 ——————— 137
04 5년 단위로 인생을 설계하라 ——————— 143
05 꿈을 간직하면 반드시 이루어진다 ——————— 148
<mark>tip</mark> 네트워크 사업을 너무나 사랑하는 사람, 싫어하는 사람 ——————— 153

Chapter 05
됐고,
한마디로
성공비결이 뭐야?

01 성공의 기준은! ——————— 158
02 반드시 대가는 지불해야 한다 ——————— 165
03 변화를 두려워해야 할까? ——————— 175
<mark>tip</mark> 대표적인 두 가지 실패 이유 ——————— 184
04 꼭 한 번, 최선을 다해야 한다 ——————— 186
05 차별이 존재하지 않는 원윈(Win-Win) ——————— 191
<mark>tip</mark> 네트워크비즈니스는 꿈터, 일터, 놀이터, 사랑터, 보람터, 만남터이다 ——— 195

Chapter 06

나를 100억
부자로 이끄는
성공의 비결은?

01 성공하기 위한 준비, 반드시 결의가 필요하다 ——————— 204

02 전략은 무엇인가? ————————————————————— 209

03 성공 비결은 8코어에 있다 ——————————————— 215

04 8코어의 액션플랜 ———————————————————— 221

`tip` 8코어 따라 하기 1, 2 ——————————————————— 224

`tip` 8코어 따라 하기 3 ———————————————————— 226

`tip` 8코어 따라 하기 4, 5 ——————————————————— 228

`tip` 8코어 따라 하기 6, 7 ——————————————————— 231

`tip` 8코어 따라 하기 8 ———————————————————— 233

05 다 함께 복싱, 댄싱 앞으로! —————————————— 235

`tip` 이혜숙의 어드바이스 ——————————————————— 240

맺음말

힘들다고? 실패했다고? 좌절 대신 죽기 살기로 해보자! 246

글을 시작하며

지금, 시작해도 늦지 않아

　힘들게 일하지 않고 자유로운 생활을 하는데도 매달 연금처럼 돈이 들어오는 삶, 누구나 한 번쯤 가져본 꿈일 것이다.
　이런 일이 있다면 얼마나 좋을까?
　정말로 이런 일이 생길 수 있을까?
　마르지 않는 평생 소득을 바라는 꿈이 그저 무지개를 쫓는 것처럼 허황된 것일까?
　우물이 없는 마을에 물통으로 물을 나르는 대신 파이프를 놓아 물을 얻는다는 「파이프라인의 우화」, 「마르지 않는 금맥」에 대한 책을 읽으며 변화된 사고의 틀이 인생의 방향을 바꾸어놓는다는 것을 알고, 생필품을 소비하는 것만으로 소비자는 마르지 않는 금맥을 얻을 수 있다는 것을 느끼며, 나 또한 소비자 멤버십으로 새로운 부를 창출

할 수 있는 파이프라인을 만들면 나에게도 환상적인 수입원이 될 수 있겠다는 생각이 들었다.

'완성된 소비자 멤버십'이라는 파이프라인을 한 번도 직접 본 적이 없었기에 구체적인 모습을 상상하기는 어려웠지만, 가능할 수도 있겠다는 생각이 들기도 했다.

10년이 지난 지금, 소비자 멤버십으로 구축한 파이프라인은 내가 꿈꾸었던 삶을 현실로 바꾸어 놓았다. 쉬고 싶을 때 쉬고, 자고 싶을 때 자고, 먹고 싶을 때 먹고, 여행하고 싶을 때 여행하면서도 기업의 CEO 연봉에 해당하는 돈이 매년 들어오고 있다. 평생 일자리가 보장되어 노후에 대한 걱정이 없다.

계속 성장하며 활기차게 보낼 수 있는 노후가 마련되고 있다. 얼마 전 사업 파트너들과 함께하는 SNS(Social Network Service) 방에 "이제 한 달 동안 화장도 안 하고, 먹고 자기만 하면서 쉴래요"라고 글을 올렸더니 모두들 그렇게 하라고 한다. 놀고 쉬는 모습도 하나의 비전이라는 것이다.

10년 전 내가 꿈꾸었던 삶의 모습들이 지금 나에게는 현실이 되었지만 누군가에게는 간절한 꿈일 수도 있다.

퇴직 후 오히려 행복해지는 삶을 원한다면?

　1년 반만 더 다니면 죽을 때까지 연금을 받을 수 있는 직장을 그만두고 네트워크비즈니스에 목숨을 걸었던 이유는 다른 게 아니었다. 첫째는 나이 들어서까지 생활비 때문에 일을 하고 싶지 않았기 때문이다. 그리고 퇴직 후까지 취업을 위해 여기저기 기웃거리고 자녀들에게 용돈을 받아야 생활이 가능한 사람들을 보며 내 자신이 그러한 모습이 되고 싶지 않았기 때문이다. 젊고 건강할 때 부(富)를 창출하는 시스템을 만들어놓으면 앞날의 자유로운 인생, 원하는 삶을 살 수 있으리라 판단하였다. 그래서 소비자 멤버십의 파이프라인을 구축하는 데 나의 미래를 걸었다. 40대에 멤버십을 이용해 만들어낸 시스템이 50대가 되니 돈으로부터의 자유를 선물해주었다. 시스템이란 다른 게 아니라 시간이 없어 쩔쩔매는 게 싫은 사람들이 '시간을 복제하는 일', 돈이 없어 아등바등 사는 게 싫은 사람들이 '돈을 복제하는 일'이다.

　이 네트워크비즈니스를 전하다 보면 "나는 물건 파는 일은 못해요", "아쉬운 소리 못 하겠어요" 등 거절과 부정의 말들을 많이 듣게 된다. 물론 아무나 할 수 있는 사업은 아니다. 하지만 이 사업이 물건을 파는 장사가 아니라 '각자 필요한 생필품을 멤버십을 통해 구입하고 그 소비자 멤버십을 넓혀가는 프로슈밍(prosuming)'이라는 것을 많은 분들이 알았으면 좋겠다. 그저 카카오톡과 마이피플, 페이스북, 블로그 등 SNS만 제대로 운영해도 시스템이 돌아가고 제품이 팔려나간다는 것을 눈으로 보고서도 사람들은 잘 믿지 않는다.

하지만 이 사업은 '분명히 되는 사업'이다. 대형마트 사장이 자리를 비워도 마트는 문제없이 돌아가며 매출이 발생하는 것처럼, 직접 현장에서 뛰건, 침대에 누워 있건, 여행을 하건 큰 차이 없이 일정 수준의 수입이 들어오는 이들이 분명히 있다. 나의 경우를 보더라도 11년 이상 월 소득이 천만 원이 넘는 억대 연봉을 유지하고 있으니 반드시 되는 사업이라고 자신 있게 말하는 것이다.

게다가 이 사업은 평범한 보통 사람도 백만장자가 될 수 있다. 많은 사람들이 부자가 되는 사람은 특별하다고 말하지만, 부자와 가난한 사람의 차이는 '부의 창출 시스템을 알고 익혀서 따르느냐, 그러지 못하느냐'일 뿐이다. 많은 독자에게 사랑을 받은 베스트셀러「옆집에 사는 백만장자」를 보면, 다음과 같은 글귀가 나온다.

"대다수의 백만장자는 거부 록펠러나 밴더빌트 가의 후손이 아니며 그들 중 80%는 자수성가한 보통 사람들이다."

결국 백만장자가 되는 일은 선택의 문제이지 결코 우연이 아니라는 것이다.

성공 비결도 나누면 커진다

이 책을 쓰게 된 이유는 다음의 다섯 가지다.

첫째, 고령화 시대를 맞아 조기 퇴직으로 고민 중인 베이비부머 (Baby Boomer:전후(戰後)에 태어난 세대를 뜻하며, 보통 1955~1965년 사이에 태어난 이들을 뜻함) 세대에게 실질적인 도움을 주고 싶었고, 쉽고 간단하면서도 안정적인 사업이 있다면? 그리고 그 사업이 부와 성공을 가져다주는 '되는 사업'이라면? 지난 10여 년간 부자들이 가르쳐준 시스템을 실행하고, 그것을 현실로 이뤄낸 경험을 토대로, 그러한 사업이 있다는 사실과 사업의 노하우를 베이비부머 세대에게 알려주고 싶었다.

둘째, 화려한 경력과 스펙으로도 취업문을 뚫지 못하고 있는 청년들에게 또 다른 길이 있음을 알려주고 싶었고 이 사업이 공무원, 공사(公社), 대기업, 전문직 그 어떤 직장보다 더 비전 있고 큰 가치가 있는 평생 직업임을, 나아가 새로운 시대에 걸맞은 새로운 비즈니스임을 알려주고 싶었다.

셋째, 불법 다단계 사업으로 병든 사회에 '정통 네트워크비즈니스'가 무엇인지를 알림으로써 '소비자 집단의 건전한 유통 문화'가 우리 사회에 자리매김하는 데 일조하고 싶었으며, 네트워크비즈니스에 대해 오해하고 계신 분들, 불법 다단계 피라미드로 인해 고통받고 사업을 그만두신 분들에게 이 책을 통해 정통 네트워크의 참모습을 알려주고 싶었다.

넷째, 네트워크비즈니스야말로 평생직업, 평생친구, 평생건강을 가능하게 하는 유토피아 같은 사업이라는 점을 알려주고 싶었고 그저 돈만 벌기 위해 건강과 자유를 포기하고 일이라는 족쇄에 매여 살아가는 것이 아니라, 일 자체가 보람이 있고 즐거운 삶을 누릴 수도 있음을 알려주고 싶었다.

마지막으로, 좀 더 나은 삶을 추구하는 사람들과 나의 '성공 비결'을 나누고 싶었고 평생 신앙과 이웃 사랑을 실천하시고 항상 '나누는 삶'을 강조하셨던 아버지, 슬픔은 나누면 반이 되고 기쁨은 나누면 배가 된다는 아버지의 말씀을 실천하기 위해서였으며, 결국 핵심은 '나눔'에 있음을 모두에게 알려주고 싶었다.

이제 더 이상 부족한 게 없는 듯하다. 아이들도 다 컸고, 사는 집도 마음에 들고, 일하지 않아도 한 달에 천만 원 이상의 수입이 평생 있었으면 좋겠다는 꿈도 이루었다. 그렇다 보니 많은 사람들이 묻는다.

"그렇게 일하지 않고도 편안히 살 수 있는데, 집에서 편히 쉬지 무엇하러 그렇게 지방까지 힘들게 다녀요?"

사람을 만나고, 독서토론회를 하고, 세미나를 하는 일은 나에게는 즐거움이다. 더 많은 사람들과 '만남의 기회'를 갖고 싶은데 시간이 부족하여 오히려 안타깝다. 이 책을 통해 내가 직접 만나지 못하는 사람들에게, 혼자 고생하지 말고, 공짜로 주어진 시스템을 따라 하기만 하면 성공할 수 있다는 정보를 전해주고 싶다. 내가 다른 사람으로부터 이 시스템을 배운 것처럼, 내가 그 성공 시스템을 다른 누군가와 나누는 것은 이제 나에게 주어진 사명이 되었다.

단언컨대, 일생에 기회가 한 번뿐인 건 아니다. 많은 기회 중에 딱 한 번만 놓치지 않으면 성공은 할 수 있다.

"고민도 많고 내일이 불투명해서 답답하다고 느끼시나요?
그 순간이 어쩌면 여러분에게 주어지는 또 한 번의 기회가 아닐까요? 나를 비상(飛上)시킨 기회가 그러한 순간에 다가온 것처럼.
나의 꿈, 억대 연봉자 100쌍(?) 탄생이!
바로 당신이 나의 꿈의 주인공이 될 것입니다."

이혜숙

Chapter 01

나는
평범하게
살지 않기로
했다

01 박수 칠 때 떠날 수 있는 삶

　오래전 하나의 경구가 내 마음을 사로잡았다. "우리네 인생은 선택과 결단으로 이루어진다"는 말이다. 한때 공무원으로 안정적으로 일하며, 취직하는 것보다 퇴직하는 게 더 어렵다는 것을 경험했다.

　일반 회사에 다니며 어쩔 수 없이 해야 하는 명예퇴직이나 강제 퇴직도 아닌, 정년과 연금이 보장되는 안정적인 직장을 내 스스로 그만두고 퇴직하는 것인데도 정말 갈등이 많았다. 새로이 가야 할 길이 언제 망할지 모르고 모든 걸 스스로 책임져야 하는 1인 사업자의 길, 남들이 가려 하지 않는 길, 남들이 손가락질하고 수군대는 길이었다.

　나에게 주어진 소중한 인생을 틀에 짜인 평범한 삶으로 계속 살 것인가? 아니면 틀에서 벗어나 역동적인 삶으로 새롭게 도전할 것인가? 인생은 한 번뿐이라는 말이 온몸을 짓누르는 듯 무겁게 느껴졌다. "남들은 못 들어가서 난리인데", "조금만 더 있으면 연금을 받을 수 있잖아", "아이들이 한창 엄마가 필요할 때 왜?" 이런저런 사유를 들며 만류하는 주변 사람들이 많았다. 그럼에도 불구하고 나는 꿋꿋이 새로운 인생의 길을 선택하였다. 그리고 이 선택을 후회하지 않으려고, 이 선택이 현명했음을 증명해 보이려고 열정의 도가니 속에서 끊임없이 나 자신을 담금질하며 뛰고 또 뛰었다. 하늘은 스스로 돕는 자를 돕는다더니 사업에 도움을 주는 새로운 도구들이 마치 나를 기다렸다는 듯이 개발되었다. 한 예로 10년 전만 해도 스마트폰, 카카오톡, 블로그, 페이스북, 카카오스토리, 마이피플 같은 소통의 장은 상상조차 할 수 없었다. 그런데 지금은 이런 소통의 장을 통해 사업이 저절로 확대되어 간다.

하루하루 최선을 다하면서도 문득 이런 생각을 해보곤 한다. 또 10년이 지나면 어떤 세상에 살고 있을까? 지금보다 얼마나 더 변해 있을까? 얼마나 근사한 삶을 살고 있을까?

한 번뿐인 인생입니다

내가 쓴 첫 번째 책 《1그램의 고통과 1톤의 행복》을 출간한 지 만 4년이 되었다. 적어도 5년 단위로 책을 한 권씩 출간하기로 다짐해 본다. 지난 일을 정리하며 잊고 지내던 분들을 챙기고, 어려웠던 때를 생각하며 초심을 유지할 수 있어 좋다. 네트워크 사업을 시작하고 나서 우연찮게 5년 단위로 이사를 세 번 하였다. 이사를 할 때마다 집이 커지고 고급스러워졌다. 책도 마찬가지일 듯싶다. 5년 단위로 선보일 이야기를 만들려면 더 재미난 인생, 아름다운 인생을 살려고 노력해야 한다. 한 번 뿐인 소중한 인생을 의미 있고 인간다운 삶의 모습으로 장식하고 싶다.

　오랫동안 다니던 직장을 그만두려 할 때, 몇 번이고 연금만은 받아야 한다고 교장선생님께서는 나를 만류하셨다. 그럼에도 사직을 고집한 내가 결국 사표를 낸 다음 날, 격려의 편지를 주시던 그분이 떠오른다. 이젠 직장에 대한 아쉬움과 미련을 떨쳐버리고 결단한 길을 굳건히 가야 한다면서, 혹시 젊은 혈기로 잘못된 선택을 한 게 아닐까 정말 많이 걱정하셨다. "열심히 노력하는 당신은 성공할 거요"라며 아름다운 퇴직과 함께 제2의 삶을 시작하라고 격려해주신 글이 아직도 메일함에 남아 있다. 힘들 때마다 이 글을 보며 초심을 잃지 말고 더 열심히 노력하자며 마음을 다지곤 하였다.

> 제목 : 열심히 노력하는 당신은 성공할 거요
> 날짜 : 2003년 2월 16일 일요일, 오전 09시 16분 53초
> 이혜숙 사장님!
> 열심히 노력하는 당신은 성공할 거요. 자존심 강하고 당당하게 살아가며 열심히 노력하는 당신은 크게 성공할 겁니다. 아니 지금도 성공 케

이스에 진입했지만 앞으로는 더 많이 말예요. 다른 사람 같으면 학교에서도 사업하는 데 지장이 없도록 편의를 봐준다는데 군이 퇴직할 사람이 몇이나 될까 생각해보았습니다. 그건 역시 이혜숙이 아니면 내릴 수 없는 결단이라 생각됩니다. 사람은 떠날 때와 머물 때를 잘 판단해야 하는데 학교로서는 아쉽지만 본인의 사업을 위해서는 현명한 결단이라 생각됩니다. 그리고 이미 내린 결단에 대해서는 초연해야 하며 미련을 가질 필요도 없이 사업에 정진하셔서 더 큰 성공과 가정의 영광과 평온이 함께하길 기원합니다. 열심히 노력한 당신은 크게 성공할 겁니다.

박수 칠 때 떠나는 용기

지금도 그때를 떠올리면, 아름다운 추억과 미련이 있을 때 퇴직하고 인생 제 2막을 맞이하였다는 것이 얼마나 다행인지 모른다. 올망똘망 아이들과 십수년을 함께 보내며 정들었던 직장을 떠나는 마음은 몇날 며칠을 눈물로 보내야 할 정도로 이루 말할 수 없이 아팠지만, 격려와 응원 속에서 새로운 삶을 시작할 수 있음은 분명 축복이었다. 다니던 직장이 싫어서가 아니라 그보다 더 비전 있고 재미있는 일, 좋아하는 일을 위해 떠나올 수 있었다는 게 행복했다.

여러분은 어떠한가? 지금의 직장에서 행복을 누리고 있는지? 혹시

나처럼 이곳을 떠나 새로운 삶을 찾아야 한다는 절박감을 느끼고 있지는 않은지……. 살다 보면 지금 하는 일도 좋지만 또 다른 새로운 길을 갈망하기도 하고, 지금 하는 일에 만족하지 못하고 새로운 길을 갈망하기도 한다.

두 갈래 갈림길에 서 있다면 현재 당신이 가고 있는 길이 좋다. 하지만 무언가 새로운 변화가 있었으면 좋겠다, 훗날 새로운 길을 택하지 않았던 것을 두고두고 후회할 것 같다 하면 과감히 새로운 길에 도전하라고 권하고 싶다. 제2막의 삶이 열린다는 것을 믿고, 박수 칠 때 떠날 수 있는 용기를 내보길 바란다.

02 노후연금을 하나가 아닌 서너 개로 만든다면?

　남편과 맞벌이를 하던 시절, 매달 꼬박꼬박 돈이 들어오긴 했지만 항상 빠듯하다는 느낌이 들었다. 월급이 들어오면 계산기를 두들겨가며 지출 항목별로 봉투를 만들고, 절약한 돈은 이자율을 따져가며 이 통장에서 저 통장으로 옮기고 또 옮기고……. 하지만 잦은 이사에, 매달 나가는 경조사 비용들은 또 얼마나 많은지. 이리 쪼개고 저리 쪼개며 알뜰하게 사용하는 지혜를 절로 터득하게 해주었다.

　당시 대기업이나 은행에 다니는 남편을 둔 친구들은 봉급도 많고 이사도 잦지 않으니 부럽기만 했다. 아이들 데리고 야구장도 가고 에버랜드로, 63빌딩으로 가족 나들이 다니는 모습이 어찌나 부러운지 혼자 울었던 적도 많았다.

　그런데 20여 년이 지나고 대부분 퇴직을 눈앞에 두고 있는 지금, 한

때 잘나갔던 그 친구들이 이제는 나를 부러워한다. 연금성 소득의 의미를 일찌감치 깨닫고 네트워크 사업을 통해 또 하나의 소득 시스템을 구축하고 나니 상황이 역전된 것이다. 하나의 노후연금 통장 대신 세 개의 노후연금 통장(?)이 만들어졌다.

30여 년 군 생활을 했던 남편의 군인 연금과 더불어, 남편이 안정적인 소득을 가져다 줄 때 사업을 통해 시스템을 구축해놓았다는 게 이렇게 든든할 줄은 미처 몰랐다. 남들은 노후연금 통장 하나를 만들 때, 나는 서너 개의 시스템을 만들었다. 시스템은 많을수록 좋겠다는 생각에 부동산 임대 사업에도 관심을 갖다 보니 그것 역시 연금성 소득이 되었다. 평범한 주부에게 이 같은 일들이 가능했던 것은 네트워크 사업을 통해 미래를 보는 안목과 통찰력을 키우고, 정보를 공유할 수 있는 인맥을 구축한 덕분이었다.

반드시 꿈을 이루겠다는 간절함으로 열심히 살다 보니 이런 결과를 얻게 되었다. 많은 이들이 창공을 훨훨 나는 비행기를 보며 부러워하듯이 우리의 시스템 소득을 보며 엄청나게 부러워하는 지금, 자신의 선택을 믿으며 시스템 안에서 묵묵히 전진한 지난날에 새삼 감사드리게 된다.

네트워크비즈니스와의 만남은 숙명

　네트워크비즈니스와의 만남은 말 그대로 우연이었으나, 그 우연이 나의 인생을 바꾸어놓았다. 2000년 8월, 초등학교 보건교사로 재직하며, 야간 대학원 석사학위 논문 준비에 여념이 없던 때였다. 당시 내 나이 마흔. 직업 군인인 남편의 내조를 위해 주말부부로 살면서 전국을 떠돌다가, 10여 년 만에 가족 모두가 함께 모여 살게 된 시기였다. 시간적 여유가 생긴 터라 그동안 미뤄왔던 대학원에 입학하여 다니고 있던 중이었다.

　가족이 함께 모여 살아야겠다는 생각에 서울에서 지방으로 전근을 신청하여 내려갔지만, 다시 서울로 올라가는 일은 어렵다고들 했다. 그래서 20년 근속으로 연금 대상자가 되면 퇴직을 하고 가족과 함께 지내면서 할 수 있는 일을 하고 싶었다. 사회복지학 석사학위를 받고 1급 사회복지사 자격증을 취득하면, 간호사 자격증에 보건교사로서의 경력을 합하여 사회복지사로서 훌륭히 사회에 봉사하며 살 수 있겠다는 생각이 들었다.

　사회복지학을 공부하다 보니, 21세기는 100세 수명 시대가 될 것이며 고령화, 조기 퇴직, 베이비부머 세대의 노후 문제, 지식 정보화로 인한 급격한 사회 변화 등 새롭게 야기될 사회 문제들이 수두룩하게 보였다. 하지만 이러한 문제들에 대한 명쾌한 답을 얻기는 참으로 어려웠다.

그러던 중 친구로부터 네트워크 사업에 대해 소개를 받게 되었다. 친구 따라 강남 간다는 말처럼 친구 따라 강의를 듣고, 네트워크비즈니스 관련 서적과 논문들을 보며 몇 번이나 무릎을 쳤다. 밤을 새워 논문을 쓰면서도 얻지 못했던 21세기 고령화 시대 문제의 답을 여기에서 찾을 수 있겠다는 환희에 눈이 확 뜨이고 가슴이 두근거렸다. '이 사업은 21세기에 맞는 사업이다' 라는 생각과 '내가 하지 않아도 누군가는 하겠다' 는 생각이 나로 하여금 이 사업의 비전을 확신할 수 있게 하였다.

1980년대 후반에 미국에 살면서 선진 유통 문화를 경험해본 것도 다른 사람들보다 빨리 네트워크비즈니스를 이해하는 데 도움이 되었다. 우리나라에 대형마트가 없던 그 시절, 이미 미국에는 월마트 같은 대형마트와 세븐일레븐 같은 24시간 편의점이 있었다. 그리고 대략 15년 정도가 지나자, 이러한 대형마트들이 우리나라에 들어와 자리를 잡고 유통의 한 축으로 성장하는 모습을 보았다. 네트워크비즈니스도 10년 후쯤이면 한국에 정착하여 또 다른 유통 구조의 한 축으로 성장할 것이라 확신할 수 있었다.

소비 습관의 변화만으로 노후연금을 준비할 수 있다면?

 네트워크비즈니스의 기본은 소비 습관을 바꾸는 것이다. 지금껏 별 생각 없이 일반 마트에서 구매하던 생필품을 소비자 멤버십을 구축하여 특정 온오프라인 쇼핑몰에서 구매하게 되면 약정된 금액을 돌려받을 수 있게 된다. 소비자 멤버십을 확대해나가면 일정 부분의 인센티브를 또다시 가져갈 수 있다. 이 간단한 원리만으로 시간과 돈으로부터 자유를 얻을 수 있다니, 네트워크비즈니스야말로 21세기 최고의 성공 기회라고 말해도 부족함이 없을 것이다.
 그래도 믿겨지지 않는다면 우리가 태어나서 죽을 때까지 사용하는 치약, 칫솔, 비누, 샴푸 같은 소모성 생필품이 과연 얼마나 될지를 한번 가늠해보라. 사업의 가능성을 확신할 수 있을 것이다.
 매주 버리는 재활용 쓰레기를 한 주만 버리지 않으면 집안은 엉망이 되어버린다. 한 달, 1년, 40년, 60년, 평생 동안 우리가 사용했던 생필품을 쌓아놓으면 엄청난 양이라는 것을 이미 안 사람들은 부자가 되었고, 아무 생각 없이 생활한 사람들은 늘 가난하게 살 수밖에 없다는 사실. 이것이 바로 '부의 비밀'이었다.
 나 역시 처음에는 이러한 사실이 믿기지 않았다. 돈을 많이 번다는 의사나 변호사처럼 자격시험을 치르는 것도 아니고, 그저 생필품을 파는 슈퍼 하나만 바꾸는 일이란다. 게다가 자투리 시간을 이용해서 부업으로도 가능하다고 한다. 이 정도면 어렵지 않겠다는 생각이 들어 그냥 따라서 해본 것이다. 그때만 해도 이 우연한 기회가 새로운 인생을 가져올 것이라고는 생각지도 못했다.

모두가 열심히 일하는데도 왜 어떤 사람은 가난하고 어떤 사람은 부자가 되는지 그 이유를 이제는 알 것 같다. 그저 묵묵히 열심히 일한다고 해서 부자가 되지는 않는다. 부(富)는 특별한 사람들만의 전유물이 아님을, '당신도 충분히 가질 수 있는 것'이라는 사실을 먼저 진심으로 받아들여야 한다. 그다음에는 부자가 될 수 있는 도구와 시스템을 이용해야 한다. 네트워크비즈니스는 소비의 습관만 바꾸어 가면 부자가 될 수 있는 좋은 도구이며 시스템이다. 네트워크비즈니스는 당신에게 푸짐한 노후연금을 선물해줄 것이다.

20대 후반 사글세 살며 깨달은 부동산 임대 사업 시스템

1988년 둘째 아이를 낳고, 육아 휴직을 받아 남편 유학을 돕기 위해 미국에 갔을 때 우리는 정말 가난했다. 당시만 해도 해외여행이 자유화되지 않아 해외에 대해 잘 몰랐고 우리나라도 무척 가난했던 때였다. 맞벌이를 하다 둘 다 벌지 못한 채 국가 보조금으로 살려니 옹

색하기 그지없었다. 국비 유학이었기에 학비와 생활비가 매달 나왔다. 그 중 생활비가 1,100달러였다. 그 중 절반인 550달러를 집값으로 지불하면서 어린 새댁 마음에 집주인이 참 부러웠다. 나와 같은 세입자 20명에게 매달 집값을 받아 가는 저분은 얼마나 부유할까? 저렇게 많은 돈을 어디다 쓸까?

75센트가 없어서 세탁기마저 돌리지 못했던 새댁에게 만 달러라는 돈은 꿈과 같은 금액이었다. '나도 나중에 어른이 되면 임대 사업을 해봐야지.' 막연했지만 간절했던 임대 사업에 대한 꿈이 15년 후 현실이 되었다. 젊은 날 사글세 살았던 그때의 경험이 네트워크 시스템을 이해하는 데 큰 도움이 되었고, 네트워크 사업을 통해 번 돈이 또 다른 복제 시스템인 임대 사업을 시작할 수 있는 기반이 되었다.

03 내가 정하는 몸값, 남이 정하는 몸값

　세상에는 두 가지 삶이 있다. 하나는 내 몸값을 내가 정하는 삶이고, 다른 하나는 남이 내 몸값을 정해주는 삶이다. 요즘 나는 내 자신이 얼마나 소중한 사람인지를 돌이켜 생각해보게 된다.

　소중한 몸이니 아무거나 먹지 않고 좋은 음식을 골라 먹고, 소중한 몸이니 나쁜 생각, 부정적인 생각은 덜고 좋은 생각을 많이 하려고 한다. 그러다 보니 좋은 책을 보고, 좋은 사람들을 만나고, 좋은 이야기를 하고, 좋은 일을 하고 싶어진다. 소중한 몸이고, 좋은 음식을 먹고 사니 몸값을 해야 한다는 생각도 스스로 가지게 된다.

　돌이켜보면, 네트워크비즈니스를 만나기 전까지는 앞만 보고 쉼없이 달려온 삶이었다. 나 자신은 늘 뒷전이었고, 음식은 배만 채우면 되지 다른 걸 따질 겨를도 없었다. 화장품도 스킨, 로션, 립스틱 정도가 전부였고, 품질보다는 가격과 양이 먼저였다. 그저 시간만 나면 일하고 아끼면서 몸값에 대해서는 생각해본 적이 없었다. 호봉대로 주는 봉급을 그저 아껴 쓰고 저축하며 사는 게 전부였던 삶, 그러나 네트워크비즈니스 10년이 넘자 라이프 스타일이 바뀌면서 과거에는 하지 못했던 생각들을 하게 된다.

사람마다 다른 몸값

우리 집 살림을 도와주는 도우미 아줌마의 하루 일한 대가는 8만 원이다. 내게 플루트를 가르쳐주신 선생님의 한 시간 몸값은 도우미 아줌마의 한나절 몸값이다. 골프를 가르쳐주신 프로 골퍼의 한 시간 몸값은 도우미 아줌마 하루 일당이다. 이렇게 사람마다 몸값이 다른 것이 이 사회의 현실이다.

그럼 내 몸값은 얼마나 될까? 따져보니 내 몸값이 제법 비싸다는 것을 깨닫게 되고, 앞으로 5년 또는 10년 후까지 따져보니 정말 비싼 몸값이 된다. 그런데 이것을 모르고 지금껏 내 몸을 함부로 대했다는 생각에 미안해진다. 나의 몸값도 네트워크비즈니스를 만나기 전까지는 보통 사람과 같은 평균 정도에 불과했다. 네트워크비즈니스를 만난 후에 시간 나는 대로 강의를 듣고, 매일 글을 쓰고, 매주 2~3권의 책을 읽고, 매월 3~4차례 강의를 하다 보니 내 몸값이 10배 이상은 오른 것 같다.

언젠가 사마천의 《사기》를 읽으며 여러 번 감탄했다. 사마천은 궁형을 받은 최악의 상황에서도 14년이라는 시간을 투자해 《사기》를 써냈다. 중국 역사의 아버지라 불리는 사마천의 《사기》를 읽으며 눈을 뗄 수 없을 정도로 깨달은 게 많았지만, 그 중에서도 효율적인 분업과 협업이 사업의 성공을 좌우한다는 점을 배웠다.

이 책은 빈부의 차는 누가 더 빼앗거나 더 줘서 생기는 결과가 아니며, 산업의 상호관계와 재화의 흐름을 잘 아는 자는 늘 여유롭고, 이를 제대로 모르는 자는 늘 부족하게 된다는 점을 말하고 있다. 말 그대로 부자와 빈자의 차이를 너무나 극명하게 짚어주는 대목이다.

기원전 100년, 즉 2000년 전에도 빈부의 차가 있었다는 것, 예나 지금이나 돈의 흐름을 읽을 줄 아는 사람들이 부자가 되었다는 너무나 단순한 부의 법칙을 이제야 알았다는 게 참 허탈했다. 역사 공부를 해야 하는 이유가 이런 것이었다는 것, 아는 만큼 보인다는 것을 가슴으로 배운다.

내 인생의 주인 되기

　네트워크비즈니스를 만나지 않았다면 나는 어떻게 됐을까? 아마 10년 전 퇴직할 무렵의 모습과 별 차이 없이 얼마 안 되는 봉급과 답답한 제도와 관습, 시간에 얽매여 살아가고 있었을 것이다. 내 안에 잠자고 있는 가치가 얼마인지 따져보지도 않았을 것이다. 판매대에 아무렇게나 널린 채 이 사람 저 사람 휘저어 보다가 그냥 놓고 가는 싸구려 옷과, 우아한 음악과 분위기 있는 명품 코너에 진열되어 품격 있는 매니저들이 안내해주는 명품 옷이 다른 것처럼 사람도 몸값이 다르다는 사실마저 깨닫지 못한 채 살고 있었을 것이다.

　내 인생의 주인공을 내가 아닌 남편이나 자식, 아니면 제삼자로 만들어놓고 스스로 조연이나 엑스트라가 되어 주인공을 빛나게 하려고 내가 가진 모든 것을 쏟아 부으며 '헌신적 희생'이란 숭고한 가치로 포장하며 나 자신을 위로하고 있었을 것이다.

　정통 네트워크비즈니스의 시스템은 내 안에 숨어 있던 사업자의 능력을 찾아주었고 이를 끊임없이 갈고 닦게 하여 나를 귀한 열매를 맺는 거목으로 성장하게 해주었다. 비바람, 눈보라에도 흔들림 없이 하늘을 향해 꿋꿋이 자라는 큰 나무! 세월이 갈수록 자란 몸집만큼이나 충실한 열매를 맺는 나무! 세상살이에 지친 나그네들에게는 쉼터가 되어주고, 배고픈 이들에게는 식량이 되어주는 나무! 모두에게 열매를 나누어주어도 내년이면 다시 더 많은 열매를 맺는 나무!

당신에게도 나와 같은 기회를 드리고 싶다. 당신은 본디 귀한 사람이다. 단지 그 가치를 잊고 있거나 외면하고 있을 뿐이다. 이제 당신 자신에게 당신 본래의 귀한 모습을 되찾을 기회를 줄 필요가 있다. 당신 안에 숨어 있는 고귀한 꿈나무의 씨앗을 찾아내어 그것이 가지고 있는 가치가 빛을 발할 수 있도록 싹을 틔우고 열매를 맺도록 하여야 한다. 네트워크비즈니스가 나의 꿈나무를 거목으로 키워준 것처럼 당신의 꿈나무도 장대하고 풍성하게 키워줄 것이다.

하지만 온실 속에서는 거목이 자랄 수 없다. 눈, 비, 바람을 이겨내는 인내의 세월이 필요하다. 당신이 주인이 되어 당신의 꿈나무를 가꾸어나가다 보면 주위에 다른 꿈나무들이 모여 아름다운 숲을 이룰 것이다. 그 숲 가운데 당신이 있고, 인고의 세월을 머금은 아침이슬에 영롱하게 빛나는 당신의 꿈나무를 보고 사람들은 탄성할 것이다.

04 100세 시대, 인생의 **시나리오를** 다시 쓰자!

　100세 수명 시대, 인생 설계의 중요성은 아무리 강조해도 지나치지 않다. 시나리오 없이 그저 열심히만 산다면 성공하는 것과는 거리가 먼 삶이 될 수밖에 없다. 성공적인 삶이란 내 자신이 원하는 시나리오대로 사는 삶이다.

　다음은 내 인생의 시나리오를 정리해보는 과정의 한 예시이다. 이를 참고로 하여 여러분도 자신만의 인생 시나리오를 생각해보기 바란다.

진짜 나는 누구인가?

　내가 진정으로 원하는 삶, 가치로운 삶은 무엇인가?

만일 한 달 후 죽는다면?

시간과 돈이 주어진다면 꼭 하고 싶은 일이 뭘까?

내게 소중한 사람은 누구이며, 그들에게 지금 내가 해주어야 할 것, 해주지 못하면 후회할 것은 무엇인가? 아내로서, 어머니로서, 딸과 며느리로서, 언니와 누나, 형님으로서, 스폰서로서, 친구로서, 사회 일원으로서 나의 역할, 진정한 나의 본질은 무엇인가?

나는 이런 과정을 통해 나의 삶이 소중하듯 그들의 삶도 소중하다는 것을 다시 한 번 생각했다. 나의 인생만 흘러가는 게 아니라 사랑하는 사람들의 시간도 함께 흘러가기에 반드시 챙겨야 할 일들이다.

나의 역할, 진정한 나를 재조명하는 일은 매년 건강검진을 받듯 반드시 해야 하는 일이다. 생각 없이 그저 성실히만 살았던 삶에서 벗어나 사업을 시작하며 '진짜 나'에 대해 구체적으로 생각할 수 있었던 것은 참으로 큰 행운이었다.

왜 사는가?

갖고 싶은 것, 하고 싶은 일, 가고 싶은 곳, 되고 싶은 모습을 구체적으로 적으면서 구체적인 삶의 방향과 계획을 잡을 수 있다.

한 번뿐인 삶인데 좋은 곳에서 살고 싶다. 한강이 보이는 곳, 그래서 사시사철 계절을 느낄 수 있었으면 좋겠고 남들이 우리 집을 보지 않을 수 있도록 앞이 훤히 트인 집, 눈비가 와도 맞지 않을 주차장이 있는 집, 방이 다섯 개 이상인 서재와 손님방을 갖춘 집, 거실이 넓어 많은 사람들이 늘 찾아와 시끌벅적 사람 냄새가 나는 집. 소음이 나지 않는 안락한 자동차, 이동 음악 감상실 같은 음향기기를 갖춘 자동차. 그리고 마르지 않는 통장.

하고 싶은 일

모닝커피 마시며 책 보기.
시계 안 보고 늦잠 자기.
부모님 용돈 두둑이 드리기.
가격표 안 보고 옷 사 입기.
아이들 원하는 만큼 공부시키기.
남편 퇴직 걱정 없이 살기.
부모님께 집 사드리기.
마음껏 운동하고 여행하기.
배우고 싶은 것 실컷 배우기.

남편 자동차 사주기.

가고 싶은 곳

신혼 때 살았던 캘리포니아 몬트레이.
샌프란시스코.
그랜드캐년.
시드니.
나이아가라 폭포.
알프스와 융프라우.
지중해.
하와이.
방학이 아닌 5월과 10월, 주중에 가는 여행.

되고 싶은 사람

누군가에게 보탬이 되는 사람.
힘이 되는 사람.
영향력을 주는 사람.

어떻게 살 것인가?

나의 사명과 비전을 정립하는 작업이다. 그 일에서 성공을 이뤘을 때 무엇을 갖고(Having), 무엇을 하고(Doing), 어떤 사람(Being)이 되어 있을까?

10년 후 어떤 결과(목표)를 얻고 싶은가?

그 결과를 얻으려면 필요한 일은 무엇이며 어떤 일을 우선적으로 해야 하는가?

내가 믿을 것은 오로지 성공 시스템을 준수하는 일이다. 묵묵히 10년만 해보자. 결론은, 10년이 지난 지금 그때 적은 시나리오대로 다 이뤄졌다.

지금 현재 자신의 위치를 진단하라

그간 귀찮기는 했지만 공직자 재산신고를 몇 년 반복하는 사이, 매년 정기적으로 자산을 점검해주는 국가가 이제 오히려 고맙다는 생각이 든다. 개인적으로 기록하는 가계부도 중요하지만, 국가 시스템을 활용하여 재산을 종합할 수 있는 이 프로그램은 훨씬 체계적이고 신뢰감을 준다. 전국의 토지 및 건물 기준시가, 금융기관·보험회사·증권 시스템 등과 연동되어 잊고 있었던 통장 계좌는 물론 가족들의 금융 거래, 증감 세부 내역까지 종합적으로 확인할 수 있다.

미래를 준비하기 위해서는 이처럼 편리한 도구를 활용할 필요가 있다. 1985년 3월 신혼여행 첫날부터 쓰기 시작한 내 가계부에는 결혼 후의 삶, 우리 가족의 역사가 고스란히 담겨 있다. 내가 가계부를 20년 이상 기록했다고 하면 사람들은 대단하다고 말하지만, 이것 역시 습관일 뿐 별 대단한 것은 아니다. 잘 살아보겠다는 꿈과 목표, 기록하는 습관을 가졌기에 단지 꾸준히 한 것뿐이다.

나는 오히려 꿈과 목표 없이 사는 사람들이 더 대단하다는 생각이 든다. 5년, 10년, 평생을 자신이 가고자 하는 구체적인 방향을 정하지 않은 채로 그때 그때의 순간적인 감각만으로 삶의 방향을 유지하는 능력이나, 얼마를 벌어 얼마를 쓰는지 기록하지 않고도 머릿속으로 정리할 수 있는 능력을 가지고 있으니 정말 대단하다고 할 수 있다. 하지만 인간의 능력에는 한계가 있을 수밖에 없다.

10년 이상 가계부를 기록하다 보면 반복되는 습관의 덕분에 1년 가계 운용 오차범위가 0.1% 수준일 만큼 정확하다. 무엇이든 10년 정도 하고 나면 전문가가 되나 보다. 처음에는 열심히 써도 별 효과가 없어 재미없다고 느낄 수도 있으나, 3년 이상 쓰다 보면 새어나가는 돈을 막으니 잔고가 늘고 재미가 붙고, 그때부터는 쓰지 말라고 해도 습관적으로 기록하게 된다.

이렇게 가계부를 적다 보면 여러 이득이 있지만, 무엇보다 가장 큰 이득은 우리 가계가 굴러가는 시스템을 이해하게 되면서 가계 운용 노하우도 알게 되고, 미래도 계획할 수 있다는 점이다. 나의 경우 가계부를 바탕으로 '가정 경제 5개년 계획'과 연간 계획, 월간, 주간 계획 등 중·장기 계획을 세울 수 있었다. 그리고 그 계획들에 의거하여 끊임없이 피드백을 거듭하며 15년을 살아온 덕에 네트워크비즈니스라는 성공 기회가 나를 찾아왔을 때, 나는 시스템의 의미를 쉽게 이해할 수 있었다. 작은 돈에 부의 비밀이 숨어 있고, 사소한 생필품 소비 하나에 사업을 키워나가는 첫 단추가 달려 있다는 것이었다. 나아가 무얼 하건 10년은 해야 하며, 할 때 제대로 해야 결과물이 나온다는 것 또한 금방 이해했다.

그 결과, 지금은 좌충우돌 헤매며 왔음에도 직장 때 받았던 월급보다 훨씬 많은 돈이 들어오는 시스템을 구축했다. 생필품 유통 속에 이렇게 엄청난 부의 비밀이 숨어 있다는 사실을 확인하면서, 성실하고 정직한 이들이 잘살 수 있도록 이 시스템을 더 탄탄히 구축하겠다고 다짐해본다.

자신에게 맞는 원칙을 지켜나가라

다만 미래를 계획할 때 한 가지 잊지 말아야 할 점이 있다. 서점에 가면 성공 비결들을 담은 네트워크비즈니스 책들이 즐비하다. 하지만 단언컨대, 이 세상에 단시간 내에 일확천금을 얻을 수 있는 길은 없다. 즉 아무리 성공 노하우가 있다고 떠들어도, 사실 성공의 지름길이라는 것은 존재하지 않는다는 것이다.

이는 네트워크비즈니스에서도 마찬가지이다. 그저 묵묵히 한 가지 원칙을 지키며 나아가는 게 가장 **빠른 길**, 가장 확실한 길이다.

앞으로 100세 수명 시대가 열린다. 이 시대를 대비해 이 사업을 준비하는 분이라면 각자 자신에게 맞는 꿈과 목표, 성공과 행복의 기준을 정한 후 자기 보폭대로 시스템을 따라가면 된다. 나아가 이를 5년 단위로 쪼개 목표를 정한 후, 이를 반복해나가면 더욱 효과적이다.

매월 천만 원 이상의 고정 수입을 얻는 것, 결코 허황된 뜬구름 잡기가 아니다. 네트워크비즈니스 안에서의 10년은 공무원의 100년보다 큰 결과물을 낼 수 있다는 점을 기억하고 천천히, 굳건히 함께 나아가면 되는 것이다.

05 내 인생을 바꾼 네트워크비즈니스!

일요일 밤 개그콘서트가 끝날 때 즈음이면 한국 직장인들의 많은 수가 우울해지기 시작, 한 주가 시작되는 월요일이면 무기력해지고 만사 귀찮음을 호소한다는 월요병. 그 월요병 대신 기다리는 마음, 두근거림으로 한 주를 시작할 수 있는 기쁨이 네트워크비즈니스에는 있다.

들러리가 아닌 주인공의 삶, 자유인의 삶. 이 사업을 만나기 전엔 꿈속에서도 생각지 못했던 삶이다. 나 자신보다는 일과 가족, 돈, 타인이 중심이었던 20년 봉급생활이 먼 일처럼 느껴진다. 매일 정해진 시간에 출근하고 똑같은 일정과 봉급, 동료들과의 꿈과 열정이 없는 무미건조하게 주고받는 사무적인 대화.

한 주를 시작하는 '거룩한 첫날'에 '월요병'이란 말이 붙을 정도로 열정도 재미도, 사명과 가치도 없이 오로지 생계를 위한 삶을 살고 있다면, 한 번밖에 없는 소중한 삶과 젊음이 얼마나 안타까운가?

캐시백 포인트의 무한 증식의 이유

 냉동실에 있는 떡을 꺼내어 고구마와 함께 포실포실 쪄내서 예쁜 접시에 담아 남편과 함께 즐기는 작은 행복의 순간. 주부로서 알뜰살뜰 집안일하는 게 한때 나의 작은 꿈이었다는 점을 새삼 떠올리게 된다. 사업을 하는 지금도 여전히 주부로서의 역할은 계속된다. 집안 곳곳을 쓸고 닦고, 여름용 옷가지를 정리하고, 세탁소 보낼 것과 손빨래 할 것을 구분하고, 중성세제용 빨래와 일반 빨래, 세탁 전 처리제를 사용해야 할 빨래를 각각 대야에 담는다. 청소기와 스팀청소기로 바닥 청소를 하고, 다목적 세정제와 유리 세정제로 거실 유리창과 모니터, 책상, 서랍장, 홈샵(Home Shop)장도 닦는다. 그런데 놀랍게도 이렇게 다양한 세제들로 집안을 청소하고 빨래를 하면서 가슴 깊은 곳에서 행복이 솟구친다.

 '생활이 곧 사업', '소비가 곧 매출'로 이어지는 마술 같은 원리, 부의 비밀을 알았다는 뿌듯함. 네트워크비즈니스에서 유통되는 모든 제품에는 마일리지가 붙어 있다. 세제를 비롯 화장품, 화장지, 마요네

즈, 케첩, 쌀과 김치, 스마트폰과 카드와 책과 보험…….

가정에서 사용하는 유·무형의 모든 제품에 마일리지가 붙어 복합 캐시백을 줌에도 대부분의 주부들은 이 의미를 모르고 있다. 그렇기에 어마어마한 양의 생필품을 소비하면서 돈을 줄줄 흘리고 살아가는 것이다. 하지만 나는 이 엄청난 비밀을 알았다는 게 꿈만 같다.

많은 이들이 계산기를 두들겨가며, 그램당 가격비교를 하여 조금이라도 싸게 생필품을 구입하려고 노력한다. 그렇게 세일 중인 상품들, 원 플러스 원 상품들을 구입하며 나름 알뜰하게 열심히 살아간다.

하지만 정작 그보다 훨씬 더 중요한 복합 캐시백의 의미를 아는 사람들은 거의 없다. 복합 캐시백과 세일은 비교가 되지 않는 방식이다. 내가 만든 무형의 샵(온라인 샵)에서 물품을 구매하여 돈을 돌려받고, 소비자 동아리를 조직하여 그것을 무한대로 확대해 나가면서 돈을 돌려받는다. 그것이 자라고 자라 억대 부자가 가능한 시스템이다.

알뜰한 소비와 현명한 소비의 차이는

사람들은 알뜰한 소비를 하는 주부를 가리켜 '살림을 잘한다'고 말한다. 그런데 알고 보니 부자와 보통 사람들의 사고방식은 근원부터가 달랐다. 즉 부자들은 '어떻게 하면 잘 팔 수 있을까?'에 삶의 초점이 맞춰져 있고, 보통 사람들은 '어떻게 하면 보다 잘 살 수 있을까?'에 맞춰져 있었던 것이다. 부자들은 세일, 마케팅, 광고, 원 플러스 원, 캐시백, 마일리지 이 모든 게 잘 팔기 위한 것으로 알고 있다. 그들은 소비를 하면서 부자가 되는 방법을 알고 있는 것이다.

'소비를 하면서도 부자가 될 수 있는 마케팅'이 있다면 당신은 어떻겠는가?

소비로 부자가 되기 위해서는 그저 알뜰하기만 한 소비와 현명한 소비의 명백한 차이를 이해해야 한다. 이 사업의 기본도 바로 이 지점에서 시작되는 것이다. 그렇다면 알뜰한 소비와 현명한 소비의 차이는 무엇일까?

알뜰한 소비는 그저 '지출되는 돈을 조금 줄이는 것에 불과한 것'이다. 반면 현명한 소비란 '소비를 통해서 부의 시스템을 구축하는 것'이다. 현명한 소비의 핵심인 '마일리지'의 의미, '프로슈머 비즈니스'의 의미를 깨달은 사람과 20세기의 소비 사고를 그대로 유지하는 사람은 하늘과 땅의 차이가 난다. 즉 알뜰한 소비와 현명한 소비의 차이는 몇 푼 싼 곳을 찾아다니는 동네 아낙과 백만장자의 차이인 셈이다.

이 의미를 우리들 각자가 안다면 참으로 놀라운 일이 벌어진다. 가정에 금맥(金脈)이 찾아든다. 생활이 곧 사업이 되고, 무자본으로 사업을 성공시킬 수 있으며, 일하지 않아도 죽을 때까지 인세소득이 가능한 이유. 내가 하지 않아도 누군가는 이 사업을 통해 부자가 될 수 있는 이유. 엘빈 토플러의 《부의 미래》에서 언급한 프로슈머들의 집단이 부를 이루게 되는 이유가 바로 '현명한 소비'에 있다.

이 개념을 확실히 파악했기에 반드시 될 수밖에 없는 사업이라는 확신을 갖고 참 신명나게 사업을 했다.

한 예로, 네트워크비즈니스의 생필품을 쓴다면 어떤 일이 벌어질지 한번 보자. 이 사업의 제품들에는 포인트가 붙어 있다. 각 가정에서 사용하는 생필품을 바꾸면 월 포인트가 20~30만 점 정도는 무난히 받게 된다. 그리고 이 20~30만 점씩 쓰는 가정이 20~30개 모아지면 인세 소득성의 돈 100만 원 이상이 통장에 들어오게 된다. 그럴 시 내가 사용하는 생필품을 공짜로 쓸 수 있을 뿐 아니라, 수익 창출까지 가능해진다. 아주 작은 소비 습관의 변화가 기적을 불러오는 셈이다.

흔히 우리는 부자가 되려면 엄청난 투자를 해야 한다고 믿는다. 하지만 생각해보라. 백억을 버는 게 쉬울까? 아니면 생필품을 사는 슈퍼를 바꾸는 게 쉬울까? 천리 길도 한 걸음부터다. 쉬운 일부터 먼저 하는 것이 성공의 길이다. 그저 알뜰하기만 했던 소비를 현명한 소비로 바꾸는 것. 그 일부터 시작하면 된다.

tip 로버트 기요사키가 말하는 부자들에게서 배우는 6가지 교훈

첫 번째 교훈: 부자들은 절대, 돈을 위해 일하지 않는다!
돈을 위해 일하면서 돈만 있으면 행복하다고 생각하는 것도 잔인한 일이고, 한밤중에 깨어나 청구서 처리에 겁을 먹는 것 또한 끔찍한 삶이지 않겠는가. 월급봉투의 크기로 결정되는 삶은 삶이라고 할 수 없다. 직장이 안정감을 줄 거라고 생각하는 것은 자신에게 거짓말을 하는 것과 같다. 그것은 잔인한 일이며, 나는 너희만큼은 그런 함정을 피하기를 원한다.

두 번째 교훈: 왜 부자들은 자녀들에게 돈에 관한 지식을 가르칠까?
사람들이 돈에 관한 교육을 받지 않고 학교를 졸업하기 때문에, 교육을 많이 받은 수많은 사람이 성공적인 직장생활을 하면서도 결국에는 경제적으로(금전적으로) 고생을 하게 된다. 그들은 더 열심히 일하지만 앞서 나가지는 못한다. 그들의 교육에서 빠져 있는 것은 '돈을 버는 방법'이 아니라 '돈을 번 후에 관리하는 방법'이다. 열심히 일하는 법만 배웠지 '돈이 자신을 위해 일하게 하는 법'은 배우지 못했기 때문이다.

세 번째 교훈: 부자들은 남을 위해 일하지 않고, 자신을 위해 사업을 한다.
부자들은 사치품을 맨 나중에 사는데, 가난한 사람들과 중산층 사람들은 그것을 맨 처음에 사는 경향이 있다. 가난한 사람들과 중산층 사람들은 부자로 보이기 위해 큰 집과 보석, 모피, 혹은 고급차를 사곤 한다. 그렇게 하면 부자로는 보이지만, 사실 그들은 점점 더 빚만 늘어날 뿐

이다. 가난한 사람들과 중산층 사람들은 자신들의 피와 땀, 그리고 아이들에게 물려주어야 할 유산으로 사치품을 산다.

네 번째 교훈: 부자들은 세금의 원리와 기업의 힘을 안다.
나는 월급봉투를 받을 때마다 늘 실망했다. 세금 공제가 너무 많았고, 내가 열심히 일할수록 공제 금액도 더 커졌다. 내가 점점 더 성공하자 상사들이 승진과 봉급 인상에 대해 얘기했다. 그것은 듣기 좋은 소리였지만, 나는 부자 아버지가 나에게 이렇게 묻는 것을 들었다.
"너는 지금 누굴 위해 일하고 있는 거니? 지금 누굴 부자로 만들고 있는 거니?"

다섯 번째 교훈: 부자들은 돈을 만든다.
우리는 학교에서 실수를 할 때마다 벌을 받는다. 하지만, 인간은 실수를 통해 교훈을 얻고 배움을 얻는다. 부자가 되는 것도 마찬가지다. 아쉽게도 대부분의 사람이 부자가 되지 못하는 근본 원인은 그들이 돈을 잃는 것을 걱정하기 때문이다. 이기는 사람들은 지는 것을 걱정하지 않는다. 실패를 피하는 사람들은 성공도 피한다. 현실 세계에서는 똑똑한 사람보다 용감한 사람이 앞서 간다.

여섯 번째 교훈: 부자들은 돈을 위해 일하지 않고, 배움을 위해 일한다.
나는 젊은 사람들에게 돈을 벌 목적보다 배움을 얻을 목적으로 직장을 찾으라고 권유한다. 주위를 보면서 어떤 기술을 얻고 싶은지 결정하고 그런 후에 특정한 직업을 선택해야 '쥐 경주'에 빠지지 않는다.

Chapter 02

왜
내 말을
못
알아들을까

01 첫 달 수입 4,300원

얼마 전 '웰컴 투 돈월드' 라는 한 종편 프로그램에 게스트로 출연한 적이 있었다. 네트워크비즈니스의 전문가로 섭외를 받았다는 것 자체가 영광이요, 기쁨이었다. 학교에 재직하면서 다큐멘터리 프로를 위해 세 달 정도 촬영한 경험이 있고 네트워크비즈니스도 10년 이상 공부하고 경험이 있어 그냥 부딪히면 되겠지 하고 막연하게 생각했다. 하지만 생각과는 달리 출연 섭외를 받은 날부터 긴장과 조바심으로 밤잠을 설쳤다. 특히 방송 전 작가와 인터뷰를 하면서 마음이 달라졌다. 방송 출연을 왜 결정했나 후회가 들었다.

정통 네트워크를 이해한 후 대본을 쓸 수 있도록 방송국 작가와 네트워크비즈니스 실상에 대해 대여섯 차례 열정적으로 대화를 나누었다. 조금씩 이해의 폭을 넓혀가며 프로그램 내용을 조정하긴 했지만,

내심 불편함을 숨기기가 어려웠다. 내가 중시하는 명분과 가치, 삶을 변화시켜주는 교육 시스템, 꿈과 목표보다는 돈에 포커스를 두고 결론부터 1분 이내로 간단명료하게 이야기해달라는 당부를 계속했다.

더 큰 문제는 본격적으로 방송 녹화가 시작되면서 터졌다. 고정 패널들의 질문이 공격적으로 쏟아지기 시작하는데, 네트워크비즈니스의 피해자라고 나서는 사람들이 왜 그렇게도 많은지……. 당황스러웠다. 그들이 당한 사기는 수법도 다양한 데다 피해 금액도 수백만 원에서 억대까지 어마어마했다. 심지어는 돈뿐만이 아니라 이혼으로 가장 소중한 가정까지 잃은 사람도 있었다. 이들의 아픔을 대변이라도 하는 듯 네트워크비즈니스에 대한 불만과 분노의 화살이 고스란히 나에게 날아왔다.

정말이지 작가도, PD도, 사회자도, 출연진도 네트워크비즈니스에 대해 몰라도 너무 모르는 상태에서 제작 방송되고 있다는 생각. 시청자들 역시 나름대로 해석하면서 각자의 지식과 정보로 만듦에도, 아주 조금씩 세상은 거부할 수 없는 흐름의 방향으로 바뀌어가고 있다는 생각…….

언론에서 불법 다단계와 합법적 다단계에 관심을 갖게 된 것 자체가 이미 올바른 방향으로 가고 있다는 방증이며, 이런 방송들이 쌓여 정통 네트워크가 구축되어질 것이란 생각으로 나 자신을 위로했다.

진실을 알려야 한다

방송 녹화가 끝난 뒤, 한동안 낙심에 빠져 헤어나올 수 없었다. 그간 네트워크비즈니스 통해 만났던 사람들은 대부분 긍정적인 마음으로 다가와 "어떻게 하면 사업을 더 잘할 수 있을까요?" 묻는 이들이었다. 일부 네트워크비즈니스를 부정적으로 인식하고 있는 사람들이 있다는 것은 알고 있었지만, 직접 공격을 받는 상황에는 처해보지 않았다. 때문에 녹화가 내 생각과는 다른 방식으로 진행되리라고는 꿈에도 몰랐다.

방송 출연을 계기로 생각보다 많은 사람들이 네트워크비즈니스에 대해 적대감을 일으킬 정도로 부정적인 인식을 가지고 있다는 것을 피부로 느꼈다. 실제 내 주변에도 네트워크비즈니스로 인해 물질적·심리적인 상처를 입었거나, 본인이 직접 겪지 않았더라도 주변 사람들이 그런 피해를 겪은 사례가 적지 않다는 것을 알 수 있었다. 그들에게 아무리 네트워크비즈니스에 대해 올바로 설명을 해주려고 해도 말을 꺼내기도 전에 귀와 마음을 굳게 닫아버린다.

한편으로는 이런 분들을 상대로 시장을 개척해가고 있는 다른 사업자들을 생각하니 마음이 착잡하기도 했다. 어찌 보면 네트워크비즈니스의 탈을 쓴 불법 다단계 업체들이었다. 그리고 직접적인 피해

자는 바로 이분들이 아닐까 싶었다.

단언하건대, 그날 방송에서 패널들이 피해를 보았다고 말한 네트워크비즈니스는 '피라미드식 구조를 가지고 있는 불법 다단계'에 속한다. 불법 다단계는 '저가의 제품을 고가에 팔면서 수당 체계를 피라미드 구조로 만들어' 끊임없이 피해자를 양산하고 있다.

2006년 사상 최악의 다단계 사기 사건으로 14만 명에게 2조 1천억 원의 피해를 입힌 JU 사건을 비롯해, 2011년 사회적 이슈가 되었던 '거마대학생 사건' 등 셀 수 없을 정도로 많은 다단계 피해들이 속출하고 있다. 이로 인해 네트워크비즈니스 업계에 여러 차례 정화 바람이 몰아쳤음에도 유사한 사건들이 지금까지 계속 발생하고 있으니 개탄하지 않을 수 없다.

이러한 일련의 사건들이 나에게는 오히려 네트워크비즈니스에 대한 진실을 알리고 더 이상 순박한 사람들이 불법 피라미드 다단계에 빠져 돈과 가정을 잃는 일이 없도록 해야겠다는 사명감을 불러 일으켰다.

돈이 만들어지는 시간

"요즘 같은 때, 사업 잘된다는 이야기를 하는 사람은 이혜숙 사장님뿐이에요. 사장님, 열심히 해볼 테니 저에게 노하우를 가르쳐주세요."

"네트워크비즈니스 해서 이렇게 돈 많이 번 사람은 처음 봤어요."

"10년 전 이 사업을 처음 알게 됐을 때, 그때 했어야 했는데……. 그때는 치약, 세제가 이렇게 돈이 될 줄 몰랐죠."

"부동산도 옛날 얘기예요. 더 이상 답이 안 나와요. 그래서 문을 닫기로 했어요."

"취업도 안 되고 해서, 치킨 프랜차이즈를 시작했어요. 한 달 만에 보증금 3천만 원을 날렸죠. 10년 동안 아르바이트로 모은 돈이었는데……."

네트워크비즈니스를 하며 만난 사람들이 나에게 한 말들이다. 그들은 나의 성공을 신기해하거나 대단하다고 생각한다. 그럴 때마다 "누구나 성공할 수 있다"고 힘주어 말하지만, 대부분은 믿지 않는다. 네트워크비즈니스에서 성공하는 건 몇몇 특별한 사람들뿐이라고 미리 선을 긋는다. 이미 마음속으로 '난 못 해!' 하고 단정 짓는 셈이다.

이들과 내가 다른 점이 있다면, 바로 이 부분이다. 할 수 있다고 생각하는 것과 못한다고 생각하는 관점의 차이다.

네트워크비즈니스를 시작한 첫 달, 나의 수입은 고작 4,300원이었다. 말 그대로 자장면 한 그릇 값도 안 되는 돈이다. 하지만 나는 이 돈이 실제로 통장에 들어온 걸 보고 단번에 이것은 '되는 사업'이라고 확신했다. 나는 그 '4,300원'에 자신감을 걸고 성장 가능성을 꼼꼼하게 따져보았다.

'그래, 매번 동네 슈퍼마켓에서 사는 수세미와 세제, 화장품 가게에서 사는 화장품, 이런 것들만 내 걸로 써도 그게 얼마야……'

그런데 내 것뿐일까. 가족, 친척, 친구들까지 생각하니 시장이 한꺼번에 확 넓어지는 기분이 들었다.

사업을 시작한 지 3년째 되는 2002년에는 연 소득이 1억 원을 넘어섰다. 그 이후 지금까지 1억 원 이상을 유지, 성장하고 있다. 만일 첫 수당 4,300원을 보고 "겨우 이것?" 하면서 그만두었더라면 지금의 성공은 결코 있을 수 없었을 것이다.

다만 나는 운이 좋아서 3년 만에 성공의 문턱에 들어섰지만, 네트워크비즈니스에서 성공하려면 적어도 10년 정도는 꾸준히 기반을 닦아야 한다. 그래서 그것을 얻으려면 많은 시간과 노력이 필요하다. 4,300원이 43,000원이 되고 그것이 430만 원, 4300만 원이 되는 것은 시간에 의한 증가 수입이다. 급한 마음에 4,300원에 실망하여 그만둔다면, 시간의 마법 또한 일어나지 않는다.

그런데 왜 하필 10년인가?

02 나를 바꾸는 10년 계획 세우기

 머리로 외운 지식은 1년이 지나면 가물가물해진다. 반면 몸으로 익힌 지식과 행동은 평생 몸에 남는다. 이를테면 학창시절 달달 외웠던 화학 공식과 기호를 기억해보자. 과연 얼마나 기억하고 있는가? 갑신정변과 을미사변이 몇 년도에 일어났는지, 광개토대왕이 고구려의 몇 대 왕인지를 기억하는 사람이 몇 명이나 될까?

 하지만 열 살 때 처음 자전거 타기를 배운 사람은 어떤가? 30~40년 동안 자전거를 타지 않다가도 우연히 자전거를 탈 기회가 생기면 대부분이 능숙하게 잘 탄다. 줄넘기도 마찬가지다. 줄넘기할 일이 별로 없었어도 줄넘기만 주면 누구든 선수처럼 쌩쌩 넘는다.

몸으로 익히는 부의 열쇠, 습관

자전거 타기나 수영을 한참 안 해도 필요할 때는 언제든 다시 할 수 있는 것처럼 몸으로 익힌 것은 평생 잊지 않는다. 습관이 되었기 때문이다. 작건 크건 습관은 한 번 몸에 익으면 쉽게 바뀌지 않는다. '세 살 버릇 여든까지 간다'고 하지 않던가. 공부를 잘하려면 전교 1등 친구의 습관을 따라 익혀야 한다. 승진하고 싶으면 최연소 부장의 습관을 몸에 익혀야 하고, 성공하고 싶으면 성공한 사람의 습관을 익히면 된다. 모방이 습관으로 될 때까지 반복하고 또 반복한다. 몸으로 익혀 평생 기억되도록 해야 한다.

하지만 습관마다 난이도가 다르고, 따라서 익히는 데 필요한 시간도 다르다. 가위질이나 젓가락질 등은 하루 만에도 익힐 수 있다. 하지만 한 분야의 1인자가 되기 위해 익히는 습관은 훨씬 오랜 시간을 필요로 한다. 또한 이미 몸에 밴 나쁜 습관을 좋은 습관으로 바꾸는 데는 더 오랜 시간이 필요하다.

'10년의 법칙'이라는 것이 있다. 하버드 대학교 교육심리학자인 하워드 가드너가 아인슈타인, 간디, 피카소, 스트라빈스키, 마서 그레이엄 등 각 방면에서 최고의 업적을 남긴 세기의 인물 7명을 연구한 결과, 이들의 삶에서 공통점을 하나 발견했다고 한다. 바로 10년 이상

한 가지 일에 매진했다는 점이다.

"잠재능력이 충분히 발휘되기 위해서는 약 10년에 걸치는 숙성 기간이 요구된다. 인류 역사에서 위대한 업적을 낸 사람치고, 10년 정도의 숙성 기간을 거치지 않은 사람은 없다."

다만 가드너는 이들이 보낸 10년이 단순히 흘려보낸 시간이 아닌, 자기 분야에서 연구하고 매진한 10년이라는 점을 강조한다.

한편 엔더스 에릭슨도 프로 연주자가 되려면 1만 시간이 필요하다는 연구 결과를 발표했는데, 1만 시간을 햇수로 계산해보면 대략 10년이 되니 같은 말인 셈이다. 그렇다면 왜 하필 꼭 10년이어야 할까?

왜 하필 10년인가?

10년은 전문가와 비전문가의 경계선이다. 얼마 전 치과에 갔다가 옆에 앉은 한 아주머니의 넋두리를 듣게 되었다.

"딸애가 예고를 목표로 3년째 바이올린을 하고 있어요. 그런데 어제는 한숨을 쉬면서 그러더라고요. 예고에 못 들어가면 어떡하느냐고요. 왜 하필 전공을 바꿔가지고……."

"그 전에는 무얼 했는데요?"

"피아노요. 초등학교 2학년 때부터 피아노를 시작했는데, 피아노를 치는 사람 수도 많고 잘 치는 사람도 워낙 많아서 자신이 없다고 하더라고요. 그래서 중학교 들어오면서 바이올린으로 바꿨죠."

"그럼 다시 피아노를 하지 그래요?"

"웬걸요. 피아노 안 친 지 3년인데요. 손가락이 굳어져서 예전처럼 치려면 어림없어요."

아쉬운 마음이 들었다. 물론 그 딸은 꽤 훌륭한 연주 실력을 가지고 있을 것이다. 하지만 '또래보다 실력이 좋은' 정도일 뿐 전문가로 인정받는 연주자들과 겨루기에는 턱없이 부족할 것이다.

이 말은 곧, 비전문가로서 아무리 실력이 뛰어나다고 해도 전문가를 따라잡을 수 없다는 뜻이다. 10년의 문턱을 넘어서야 비로소 전문가로서 인정받을 수 있다. 그것도 대충 보낸 10년이 아니라 몰두하여 노력한 10년을 말한다. 그 아주머니에게 '10년의 법칙'에 대해 설명을 한 후 이렇게 말을 이어갔다.

"전문가로 인정받기에 3년이란 시간은 너무 짧아요. 아이에게 앞으로 7년 후를 바라보면서 연습하라고 하세요. 그래 봤자 스물셋이잖아요. 그 나이에 전문가가 되기도 쉽지 않아요."

그 말에 아주머니의 얼굴이 밝아졌다.

"말씀을 듣고 보니 그러네요. 저나 딸애나 마음이 급했어요. 딸애가 원한다면 그 애가 전문가가 될 때까지 뒷바라지를 해주고 싶어요.

오늘 당장 아이에게 말해줘야겠네요. 인내하고 자신을 추스르는 시간이 앞으로 7년 정도 더 필요할 것 같다고 말이죠."

그 아이가 스물셋이 되었을 때 어떤 모습으로 자라 있을지 궁금하다. 10년, 즉 인생을 바꾸기에 꼭 필요한 시간을 제대로 보냈다면 아마 눈부시게 성장해 있을 것이다.

> **tip**
>
> ### 1만 시간 노트 만들기
>
> 성공한 사람들의 열정과 노력을 추적한 책 《아웃라이어》를 쓴 말콤 글래드웰은 이 책에서 '1만 시간의 법칙'이라는 놀라운 이론을 발표했다. 어떤 사람이 한 분야에 1만 시간을 투자하면, 그는 반드시 그 분야의 전문가가 된다는 말이다.
>
> 그는 우리가 '태어날 때부터 천재'라고 생각하는 빌 게이츠와 비틀즈 등의 인재들 모두가 1만 시간의 연습을 거쳐 자신의 성공을 일구어냈다고 강조한다. 이는 예술에서도 예외가 아니어서 위대한 음악가 모차르트 또한 실은 1만 시간의 연습을 통해 재능의 꽃을 활짝 피웠다고 한다.
>
> 1만 시간은 하루에 3시간씩 10년, 하루에 6시간씩 5년, 하루에 15시간씩 하면 2년이다. 티끌 모아 태산, 천리 길도 한 걸음부터. 여러분은 자신의 꿈을 위해 하루에 몇 시간을 투자하고 있는가?
>
> 지금 이 시간부터 '1만 시간 노트'를 만들어 하루하루 내가 꿈을 위해 투자한 시간을 체크해보자.

03 비결은 성실함에 있다

　20세기의 위대한 피아노 연주자 루빈스타인은 독창적인 연주와 뛰어난 음악 해석으로 유명하다. 12살 때부터 연주회를 시작했으며, 특히 연습벌레로 유명했다.
　어느 날 루빈스타인이 기자로부터 질문을 받았다.
　"선생님, 세계 정상의 연주자가 된 비결이 무엇입니까?"
　그러자 루빈스타인이 대답하였다.
　"자기의 세계를 다른 사람에게 인정받기 위해서는 피나는 연습이 있어야 합니다. 만일 제가 하루 연습을 안 하면 제 자신이 그것을 알고, 이틀을 안 하면 주위 사람이 알고, 사흘을 안 하면 청중이 압니다."
　만일 타고난 재능만 믿고 연습을 게을리 했다면, 아마 그는 세계적인 연주자가 되지 못했을 것이다. 즉 연습의 중요성에 대해 일찍 알고 피나는 노력을 한 덕에 역사에 남는 인물이 된 셈이다.

"성실한 사람은 스스로 기회를 만들고, 행운의 여신은 언제나 그의 곁에 있다"는 말이 있다. 잘 알려진 역사적 위인들 중에 성실하지 않은 사람은 없다. 게으름뱅이가 성공했다는 말을 지금껏 들어본 적이 없다. 그만큼 '성실'이란 덕목은 성공에 이르는 필요충분 조건이라 할 수 있다.

그렇다면 성실한 사람은 왜 성공할 수밖에 없는 것일까? 그것은 성실함이 결국 능력과 신뢰를 만들어내기 때문이다. 성실한 예술가는 그 성실함으로 재능을 키워 청중의 신뢰를 얻는다. 마찬가지로 사업가는 성실함을 통해 입지를 구축하고 고객의 신뢰를 얻는 것이 '정도(正道)'이다.

신뢰의 기본은 성실함

사업에서 신뢰감은 매우 중요하다. 번번이 약속 시간에 늦고, 제출하기로 한 서류를 제때에 내지 않는다면 어떨까? 그런 사람과의 사이에서는 신뢰가 생길 수 없다. 신뢰할 수 없는 사람에게 중요한 일을 맡기거나 고민을 털어놓을 사람이 과연 있을까? 다시 말해 상대방에게 신뢰감을 주지 못하는 사람은 성공의 문턱에 이르는 기회조차 갖지 못하게 된다는 것이다.

　재능만 믿고 노력하지 않는 사람도 마찬가지다. 요즘처럼 똑똑한 인재가 많았던 적이 있었을까. 통계청 자료에 의하면 2011년 현재 우리나라 25~34세 연령 중 98%가 고등학교 이상, 64%가 대학 이상의 교육을 이수했다고 한다. 컴퓨터를 못 다루는 이가 없고, 너도나도 스마트폰으로 네트워크망을 형성하고 있다.

　그런데 이 똑똑한 사람들이 사회에서 '골칫거리'로 부각되는 경우도 종종 있다. 성실함이 부족하고, 조금만 싫은 소리를 해도 회사를 그만둬버리는 사람 대부분이 고학력 인재들이라는 것이다. 그들은 스펙 좋고 학력만 높으면 얼마든지 다른 회사를 선택할 수 있다는 생각을 가지고 있다. 하지만 현실에서는 어떨지 회의가 든다.

　반면 성실한 사람은 반드시 훌륭한 결과를 만들어낼 수밖에 없다. 똑똑한 사람보다 속도가 느릴지는 몰라도, 만족할 만한 결과를 얻을 때까지 반복해서 노력하고 학습한다. 토끼와 거북이의 경주처럼, 쉼 없이 기어가는 거북이가 자만하는 토끼를 앞지를 수 있다.

　그러니 똑똑한 사람이 성공하는 방법은 단 한 가지뿐이다. 성실한 사람과 성실함으로 겨루는 것이다. 재능은 사라지는 빛과 같은 것이다. 재능이 사라진 뒤에 남는 성실함. 그것을 가져야 똑똑한 사람이 비로소 성실한 사람을 이길 수 있다.

tip 나의 지표 찾기

돈과 부자에 대한 솔직한 강의로 유명한 김종규 박사는 자신의 책 《아바타 수입》에서 "살아가면서 가장 민폐를 끼치는 사람은 잘못 알고 있으면서 성실하고 열심인 사람"이라고 말한다.

마라톤에 참가하며 꼴찌를 예상하는 선수 없고, 밭에 씨 뿌리며 그 씨앗이 썩으리라 생각하는 농부가 없듯이, 모두 성공을 꿈꾸며 노력하지만 그 노력이 올바른 방향으로 가고 있는지는 생각지 않는다는 것이다. 그는 '성실함'과 '열심'도 잘못된 방향으로 나아가면 무시무시한 오류가 발생한다고 강조한다. 그의 말대로, 기말고사를 앞두고 밤새 시험공부를 했는데, 시험 범위를 잘못 알고 있었다면? 제사상을 열심히 차리고 보니 제삿날이 아니었다면? 대전에서 부산을 가야 하는데 남쪽이 아닌 북쪽으로 열심히 가고 있다면? 단체 해외여행을 꼼꼼하게 계획하고 사람들을 인솔해서 공항에 갔는데 알고 보니 전날 티켓이었다면?

생각만 해도 아찔할 것이다. 그는 다음과 같이 일갈한다.

"사막에서 나침반이 없다면 열심히 걸어도 제자리를 맴돌 뿐이다. 인생도 마찬가지라서 100세 인생이라는 사막을 건너려면 평생직업의 나침반을 찾아야 한다. 그래서 살아가는 동안 수시로 스스로를 향해 질문해야 한다. '과연 나는 무엇을 향하고 있는가?'"

04 스펙 없이도 성공할 수 있다

홈퍼니, 3·1절, 토페인, NG족……. 취업을 앞둔 젊은이들이 공감하는 단어들이라고 한다. 언뜻 봐서는 무슨 뜻인지 알 수가 없다. 홈퍼니는 '집에서 취업 원서 접수에 매진하고 있다', 3·1절은 '31세까지 취업을 못 하면 취업길이 막힌다', 그리고 토페인은 '토익 공부 하느라 폐인이 됐다'는 뜻이고, 취업이 될 때까지 졸업을 미루는 사람을 'NG(No Graduation)족'이라고 부른다고 한다. 단어만 봐도 고뇌와 자괴감이 묻어난다.

취업문이 좁아지면서 젊은이들 사이에서는 '빽 아니면 스펙'이라는 말이 유행하고 있다. 부모 배경을 등에 업고 취업할 게 아니라면, 스펙이라도 화려하게 갖춰야 한다는 뜻이다.

그렇다면 취업을 위해 갖춰야 한다는 그 스펙은 과연 어느 정도를 의미하는 것일까? 스펙 없이는 정말로 취업이 불가능한 것일까?

참고로, 2010년 4년제 대학생 졸업 예정자 2,500여 명을 대상으로 조사한 결과, 이들의 평균 학점은 4.5점에 3.62점, 평균 토익 점수는 769점, 해외연수 유경험자가 37.7%, 사무 능력은 워드의 경우 '상위'가 74.3%였다고 한다.

취업문이 바늘구멍임을 감안할 때 적어도 평균 이상은 돼야 중소기업에 이력서라도 내볼 엄두가 나지 않을까 싶다. 상황이 이러하니 학생들이 스펙에 목을 매는 것도 이해할 수 있을 것 같다.

스펙의 시대는 지나갔다

사실 나의 세대가 취업 문턱에 섰던 무렵에는 '스펙'이라는 말조차 없었다. 토익 등은 전공자 몇몇의 특기일 뿐, 취업에 크게 영향을 미치지 않았다.

하지만 요즘은 토익, 토플, 텝스 등 영어 점수 취득이 취업 준비생들의 필수 사항이라고 한다. 해외연수도 마찬가지다. 1989년에 해외여행 자유화 정책 전만 해도, 여행이든 유학이든 우리나라를 벗어나는 일은 꿈같은 일이었다.

그로부터 4반세기가 지난 요즘, 일본과 중국, 유럽과 미국, 캐나다

등지에서 어학연수를 하는 젊은이들이 흔해졌다. 이마저도 특별한 스펙이 되지 못한다.

이런 상황에서 경쟁력을 가지려면 남들과 다른 이력서를 쓰라는 조언이 오히려 와 닿는다. 미국의 유명한 투자 전문가이자 칼럼리스트 존 스푸너가 강조한 성공하는 이력서의 조건을 한번 보자.

"……나는 이력서를 매년 수백 통씩 읽는다. 거의 모든 이력서가 학력과 경력으로 채워져 판에 박은 듯 비슷해서 통 읽는 재미가 없다. 그러니 제대로 생각하지 않고 무턱대고 보낸 이력서의 상당수가 휴지통에 버려질 수밖에 없다. 그렇다면 대체 이력서를 어떻게 써야 할까? 정작 당신에겐 사소한 것처럼 보이는 항목이라도, 이력서를 읽다가 눈에 확 들어올 내용을 써야 한다. 그것은 학력이나 경력과는 관계가 없다. 나는 구직자들에게 "자신에게 어떤 특별한 점이 있나요? 학교 다닐 때 어떤 운동을 했나요? 독특한 취미가 있나요? 수집하거나 특이하게 흥미를 느끼는 대상이 있나요?" 하고 묻는다.

당신이 과거에 어떤 활동에 열정을 쏟았는지 알리면 학교 성적만으로 평가받을 때보다 훨씬 수월하게 직업을 구할 수 있다. 예전 취미나 관심에 관해 거짓말은 절대 하지 말고 당당하게 말하라."

너도 나도 스펙을 갖추다 보니, 천편일률적인 스펙이 오히려 무용지물이라는 의미다. 많은 기업의 면접관들이 토익 점수 1점보다 중요한 게 사람 됨됨이 이고, 해외 연수 경험보다 중요한 게 동료들 간의 관계를 유지하는 능력이라고 입을 모아 말하는 것도 이 때문이다. 여러 젊은이들을 만나온 그들로서는 똑똑한 사람보다 성실한 사람이 성공하고, 혼자 앞서 가려는 사람보다 함께 가려는 사람이 성공한다는 것을 경험으로 알고 있는 것이다.

성실함과 정직함이 가장 큰 스펙

필자는 소위 말하는 '화려한 스펙'과는 거리가 먼 대한민국 보통 수준의 한 사람이다. 그저 일반적인 학력에 성실과 정직이 전부다.

실로 네트워크비즈니스는 스펙 없이 성공할 수 있는 가장 큰 선물이다. 그저 성실하게 시스템을 따라 하고, 속임수 없이 정직하게 나아가다 보면 어느새 성공의 자리에 서게 된다. 오히려 이 사업의 가장 큰 스펙은 '성실함'과 '정직함'이라는 점에 자부심을 갖는다.

네트워크비즈니스에서 네트(Net)의 교점(交點)을 묶어서 연결해주는 역할을 하는 것이 바로 신용이다. 따라서 신용이 없으면 네트를 짤 수 없다. 설령 네트의 형태를 갖춘다 할지라도 힘을 발휘하지 못하고 무너지게 된다. 그래서 네트워크비즈니스를 '신뢰의 사업' 이라고 부르기도 한다.

  예를 들어 가격에 비하여 질이 형편없는 제품을 팔았다면 그 제품을 산 사람은 속았다는 느낌과 함께 더 이상 그 제품을 판 사람을 믿으려 하지 않을 것이다. 처음에는 인정상 또는 의리상 마지못해 하나 샀다 할지라도 다시는 그 사람에게서 물건을 사려 하지 않을 것이고, 그 사업자는 실패할 수밖에 없을 것이다.

  소위 불법 다단계 피라미드 업체에서 형편없는 제품을 고가로 팔아넘기는 행동 양태를 보이는 것은 재구매가 일어나지 않을 것이라는 사실을 그들이 이미 알고 있기 때문이다. 즉 불법 다단계 회사들은 제품의 질이나 소비자 만족도에는 애초에 관심조차 없는 것이다. 그들의 초점은 오로지 돈에만 맞추어져 있고, 그들의 머릿속에는 '단번에 후려치고 도망 가겠다' 는 생각밖에 없다는 얘기다.

  반면 스스로 제품을 사용해보고 그 유용성을 확신한 후, 정직하게 제품을 권하는 사업자는 개인적인 신뢰를 바탕으로 장기적인 고객층을 확보할 수 있다. 품평이 좋은 제품은 반드시 재구매가 이루어지고 입소문으로 고객이 늘어나기 때문이다.

  학벌과 부모의 빽, 아니면 토익 점수나 해외연수 경험이 아닌 정직과 성실, 이것이 바로 네트워크비즈니스의 성공에 필요한 스펙이다.

05 세계는 **하루하루** **급속하게** 변화하고 있다

　우리나라 사람들은 애국심이 남다르기로 유명하다. 뉴욕 한복판 맨해튼 타임스퀘어 광장, 세계인의 시선이 머무는 그 자리에 '독도는 우리 땅'임을 알리는 광고가 게재된 적이 있다. 심지어 세계인의 정보통인 뉴욕타임스에도 우리가 독도의 주인임을 알리는 광고가 전면을 장식하기도 했다.

　'대체 그 많은 돈이 어디에서 났지?' 하고 궁금한 적이 있는데, 정작 그 광고비가 어떻게 조달되었는지에 대해서는 감감 무소식이다. 다만 부유한 독지가, 열성적인 애국자, 또 아니면 얼굴 없는 누군가 그 돈을 댔건 그 열정 하나만은 대단하다는 생각이 든다. 평소에는 서로에게 무관심한 듯해도 큰일이 닥치면 똘똘 뭉친다.

　많은 해외 기업들이 대한민국 시장에서는 예상을 뒤엎는 일이 자주 벌어져 한국을 예측 불가능한 시장으로 평가한다. 무언가 응집력이 요구되는 상황이 되면 시장논리로 설명할 수 없는 행동양상이 나타나기 때문이다.

해외에서 승승장구하던 기업들이 한국에서는 맥을 못 추는 경우가 왕왕 있다. 세계적 대형마트인 까르푸와 월마트도 그랬다. 엄청난 자본력으로 한국 시장에 침투해놓고, 결국은 토종 브랜드인 이마트 등에 떠밀려 나갈 수밖에 없었다. 까르푸와 월마트가 진출하였다가 실패한 국가는 우리나라밖에 없다고 한다. 이 뉴스 기사를 읽으며 '우리나라 국민들, 진짜 대단하구나!' 감탄하기도 했다.

네트워크비즈니스에 부는 한류 바람

앞으로 네트워크비즈니스에서도 토종 브랜드 회사가 한류의 바람을 일으키며 동종 업계에서 우뚝 설 것이라고 낙관한다. 잘 알려져 있다시피 네트워크비즈니스는 미국과 일본 등 해외 선진국에서 먼저 생겨나 활발하게 사업을 확장하면서 우리나라에까지 유입된 사업 형태이다.

이 때문에 혹자는 네트워크비즈니스는 해외로부터 배워야 한다고 말한다. 외국이 더 좋은 시스템을 가지고 있고, 성공자가 더 많다는 이유에서다.

하지만 그것은 겉만 보고 하는 말이다. 우리나라 네트워크비즈니스도 새로운 성장기를 맞이하고 있다. 국민 생활에 밀접한 제품들, 사업자의 동반 성장을 바탕으로 한 기업 이념 등으로 불황에도 멈추지 않고 성장해온 것을 어떻게 설명해야 할까?

심지어 지금은 대기업이나 유수의 대학들에서도 네트워크비즈니스의 원리를 합리적인 것으로 인정하고 마케팅 실습에 접목하거나 과목으로 선별하여 가르칠 정도다. 이런 상황에서 한국을 네트워크 불모지라고 말하는 것은 어불성설이 될 것이다.

나아가 일부 브랜드들은 국내 시장에 머물지 않고 오히려 외국으로 자신의 시스템을 역수출하는 성과마저 얻고 있다. 실로 내가 하는 사업에서도 종종 외국인 사업자들을 찾아볼 수 있다. 특히 가까운 분들로는 일본인 분들이 많은데, 일본이 네트워크비즈니스의 강국이라는 점에 비추어 볼 때 이분들이 한국을 새로운 시장으로 택한 것은 많은 점을 시사한다.

우리 사업 브랜드의 세계화

최근 글로벌 세계 속에서 한국의 위상이 높아지고 있다. 지금은 적잖은 부분이 문화와 예술 면에 기대어 있지만, 앞으로는 많은 것이 달라질 수밖에 없다. 네트워크비즈니스도 그 중에 하나라고 하면 너무 이른 기대일까? 대한민국 네트워크비즈니스 시장이 세계 최고로 올라서고, 우리의 시스템을 해외에서 배워 가는 날이 올 것이라는 기대가 과연 허황되기만 한 꿈일까?

이마트의 선전, 싸이의 해외 진출, 한국 드라마와 영화에 대한 세계의 관심, 이 모두가 사실은 단순한 행운이 아닌 다양한 노력의 결실이라고 나는 믿는 만큼, 우리 사업 브랜드의 세계화도 언젠가는 반드시 이루어지리라 확신한다. 설사 내가 살아 있는 동안은 이루어지지 않더라도, 노력하고 헌신하는 사업자들이 존재하는 한 이것이 마냥 먼 꿈만은 아닌 것이다.

> **tip 시스템에 주목하라**
>
> 미국의 유명 동기부여가인 지그 지글러는 직장(JOB)의 의미를 다음과 같이 정의하고 있다.
>
> **J-just O-over B-broke(간신히 파산을 벗어난 상태)**
>
> 과거의 직장이 평생직장이었다면 21세기의 '직장' 은 언제 파산에 닥칠

지 모른다는 뜻이다. 반면 이 'JOB'을 직장이 아닌 '직업' 또는 '사업'으로 해석한다면 분명히 달라진다.

로버트 기요사키는 이 시대의 성공은 획기적인 아이템과 건실한 시스템을 가진 사업을 통해 이루어진다고 말한다. 정보 수집을 통해 아이템을 선정하고 합리적인 단계를 밟아 올라가는 시스템이 필요하다는 것이다.

지금 여러분의 직장은 어떤가? 무리 없이 운영되고 여러분에게도 충분한 수입을 가져다주고 있는가? 그 성공이 과연 어디까지 이어질 수 있는지 냉정히 진단해본 적이 있는가? 한편 지그지글러와 기요사키가 말한 아이템과 시스템 면에서 여러분의 직장은 충분한 가치를 가지는가?

세상에서 가장 먼 거리, 머리에서 가슴

대기업 임원으로 퇴직하신 50대 후반의 김 사장님!
훤칠한 키에 책과 술, 사람을 좋아하시는 너무나 인간적인 사장님!
신앙생활 잘 하시고, 직장생활 잘 하신 덕택에 세 자녀를 훌륭하게 키우신 성공하신 분.
평생 돈 같은 것 모르고 그저 봉급은 아내에게 다 가져다주고, 직장생활은 스트레스 안 받고 해피하게 하셨다신다. 돈 많은 사람들은 경멸하며…….
퇴직하니 남은 게 없어 아내에게 용돈을 타야 하는 게 말이 아녀서 뭔가를 해보려는데 할 수 있는 일이 없어 네트워크 비젼을 보고 열심히 하려 했다. 그러나 아내와 자녀들은 물론 가족들, 친구들까지도 왜 그런 걸 하느냐고 모두들 무관심으로만 일관했다.

세제 하나 사용하지 않는 아내, 치약 칫솔 하나 사용해보자 해도 쌍수를 들고 반대하는 자녀들, 아빠가 하는 사업에 대해 한번 검토해달라 해도 안하무인이었다.

가족들의 호응을 얻기 위해 하실 수 있는 최선을 다하시는 모습을 지켜보며 참으로 마음이 아팠다. 딸아이들 어릴 적엔 목욕도 시켜주고, 함께 놀아주고, 차 태워 학교 보내며 금지옥엽 길렀는데 아빠가 퇴직 후 일하고 싶어 이렇게 노력하는데 이렇게도 무심할 수 있는지…….

"아무래도 제가 너무나 인생을 잘못 산 거 같다" 시며, 더 이상 한국에 머물 수 없다며 해외로 떠나셨다.

사랑하는 사람들이 이렇게 아프고 외롭게 할 줄은 몰랐다며 차라리 아무도 모르는 데서 몸 고생하는 편이 훨씬 낫겠다며 비행기표 하나 달랑 들고 남미로 떠나셨다.

치안도 불안하고, 아는 단어는 50개 미만에, 통장에 돈도 없지만 그래도 너무나 무심한 가족들과 마음 고생하는 것보다는 그곳이 훨씬 행복할 거 같다며 바람처럼 떠나셨다.

자유를 찾아…….

'바람의 자유인'이라는 닉네임을 가지셨던 김 사장님, 건강하신지요? 뵙고 싶네요…….

Chapter 03

네트워크 비즈니스, 어떻게 가능한가?

01 네트워크비즈니스, 정말 **돈이** 될까?

　많은 사람들이 묻는다. 네트워크비즈니스가 돈이 되느냐, 그거 사기 아니냐.

　네트워크비즈니스는 큰 사업이고 제대로 하면 정말 많은 돈을 벌 수 있다고 분명하게 말할 수 있다. 하지만 모두에게 돈이 되는 것은 아니다. 밭 갈고 씨 뿌리는 단계에서 그만두는 경우가 많기 때문이다. 아직은 새로운 사업이라 사업을 제대로 전개해서 성공한 사람은 물론, 제대로 아는 사람조차도 드문 상황이지만 곧 사람들은 네트워크비즈니스가 21세기 최고의 사업임을 알게 되리라 믿는다.

　미국의 경우 네트워크비즈니스로 신흥 부자가 된 사람이 많다. 네트워크비즈니스의 종주국답게 미국에서는 네트워크비즈니스에 대한 인식이 긍정적으로 확산되어 성장의 토대가 잘 잡혀 있다. 미국 상공회의소 의장 역시 네트워크 회사 대표가 몇 차례씩 역임하고 있고, 네트워크 회사 중 상장업체도 많다.

네트워크비즈니스의 본질은 '생활소비재를 사면서 지출하는 돈이 기하급수의 원리를 통해 수입으로 돌아온다'는 것이다.

강조하지만, 네트워크비즈니스의 핵심은 두 가지다. 하나는 매일 쓰는 생활소비재만 잘 이용해도 수입을 창출할 수 있다는 것, 두 번째는 그런 소비 네트워크가 확장될수록 수입 또한 기하급수적으로 늘어난다는 점이다. 다시 말하자면 1,000원짜리 치약이라 할지라도 100명, 1,000명에게 소개해 소비자 멤버가 늘어나면 큰돈이 된다는 것이다.

미국에서 1980년대 네트워크비즈니스는 마치 로켓이 하늘로 치솟듯 급성장을 했다. 이런 현상은 우연이 아니었다. 1980년대 자영업 시대가 도래했고, 언론계에서 '자영업자'라는 말이 갖는 부정적 이미지가 사라진 것도 바로 이 시기였다.

자영사업은 영세한 사업체를 운영하는 것과는 아주 다르다. 미국에서 1960년대까지의 자영업은 주유소, 이발소, 세탁소 정도 운영하는 게 보통이었다. 그래서 사업 운영 목적이 모두 생계비를 벌기 위한 행동으로 이해되었다. 자신의 삶을 변화시키는 수단으로 사업할 생각을 하는 사람은 꿈을 좇는 사람들이나 부동산 사기꾼들뿐이었다. 80년대 들어서 컴퓨터, DM, 플라스틱 등의 기술 혁신에 힘입어 비즈니스의 개념에 일대 혁명이 일어났다. 보통 사람들이 현금이나 연금, 투자 신탁을 증권에 투자하거나 부동산에 투자하여 5배, 10배, 100배의 수익을 올리는 기업가가 되는 것이 갑자기 자연스러운 일이 되어 버렸다. 네트워크 사업도 그러한 혁명의 일부였다.

사업용 키트, 80달러, 한 달 전화 요금 300달러, 자동차와 여행 경비 1년에 1만 달러, 컴퓨터 감가 삼각비 700달러, 우편 요금과 사무용품 2000달러 투자해서 보통 사람이 매달 1만 달러를 벌 수 있는 사업이 네트워크 사업 말고 또 있을까?(제4의 물결, 리처드 포) 네트워크비즈니스가 새로운 방법으로 개인적인 삶을 변화시킬 수 있음을 보여주면서, 네트워크 종사자의 수가 수백 퍼센트 증가했다.

이렇듯 네트워크비즈니스는 오랜 세월 동안 검증 과정을 거친 합법적인 사업이며, 진취적이고 비전 있는 사업, 그리고 보통 사람들이 꿈을 이룰 수 있는 혁신적 도구이다. 사업 원리를 충실하게 지켜 진행하면 큰 성공자로 성장할 수 있다.

불법 다단계는 무엇이 다른가?

반면 불법 다단계는 합법적인 네트워크비즈니스와는 근본적으로 다르다. 이들은 모든 목적을 오로지 일확천금의 꿈을 부풀리는 데만 관심을 둘 뿐, 네트워크비즈니스의 합리적 체계와 참된 의미에 대해서는 말해주지 않는다. 불법 다단계 회사에는 튼튼하고 건전한 성공 시스템도 없다 보니, 사실 그들이 말해주고 싶어도 말해줄 수가 없다.

네트워크비즈니스는 단기간에 부자가 되는 마술의 비즈니스가 아님에도, 중간 단계는 마법으로 건너뛸 수 있는 것처럼 화려한 결과만을 부각시키는 불법 다단계 사업자들의 말의 유희에 일반 소비자들은 자칫 현혹되기 쉽다.

실로 제대로 된 네트워크비즈니스 회사로 인정받기 위해서는 몇 가지 조건을 갖춰야 한다. 취급하는 제품이 고가의 내구재보다 '반복 재구매가 가능한 생필품 위주'여야 하고, '가격 경쟁력'이 있어야 하며, '다른 회사에서 찾기 어려운 특화된 제품'이면 더 좋다. 보험이나 통신처럼 '지속적인 지출을 요하는 서비스 제품' 역시 지속적인 수익을 보장해준다. 굳이 필요성을 느끼지 못하는 도난 방지기를 권하기보다 이미 사용하고 있는 제품의 브랜드 내지 마켓만 바꾸라고 권유하기가 훨씬 더 쉽다는 것이다. 예를 들어 자동차 보험이나 통신사 고객에게 대리점만 바꿔보라는 식이다.

또한 보상플랜 역시 합리적이어야 한다. 어느 누구에게라도 피해를 주는 회사는 오래 가질 못한다. 무엇보다 건실한 네트워크비즈니스 회사는 회원들의 호응과 협조에 힘입어 성장을 거듭할 수밖에 없기 때문에, 자연스럽게 10년, 20년 되는 역사를 자랑할 수밖에 없다.

물론 이런 조건을 갖춘 회사라고 해도 처음부터 많은 돈을 벌 수 있는 것은 아니다. 처음 시작할 때는 당연히 수익이 적을 수밖에 없고, 손익분기점을 넘어서서 안정적인 흑자 수익 구조가 만들어지려면 소비자 네트워크가 일정 규모 이상으로 확장되어야 한다. 다시 말해 오랜 시간을 거쳐 네트워크가 튼튼히 다져져야 한다. 즉 기하급수의 비밀이 현실로 형상화되기 위해서는 일정한 시간과 노력이 필요한 것이다.

하지만 소위 불법 다단계라고 불리는 회사들은 대부분 자본금이 적어 소비자 멤버십이 형성될 때까지 버틸 수 있는 여력이 부족하다. 따라서 단기간에 많은 돈을 버는 데 주안점을 둘 수밖에 없다. 그렇다 보니 결국 회원들을 현혹해 많은 돈을 투자하도록 한다든지 고가 내구재를 강매하게 하는 방법 등을 쓰게 된다. 만일 당신에게 누군가 "지금 당장 부자가 되게 해주겠다"라고 말한다면 그 사업은 불법 다단계일 가능성이 아주 높다고 할 수 있다.

생활이 사업인 비즈니스

최근 우리 사회는 '대박의 꿈'에 취해 흥청거리는 듯하다. 고생은 싫다, 로또 한 방이면 모든 게 해결된다, 한 번에 돈과 성공을 거머쥐겠다는 욕심에 다들 행운과 기적을 바라는 것 같다. 불법 다단계는 이런 허황된 심리를 교묘히 이용하는 하나의 사례라 할 수 있을 것이다. '대박'을 쫓는 심리가 무리한 주식투자나 부동산 투기를 부추기는 것과 마찬가지로, 불법 다단계 역시 '대박'이라는 허상을 내세워 소비자들에게 과도하게 물질적·정신적·시간적 투자를 강요한다.

이쯤에서 네트워크비즈니스로 억만장자가 된 대표적인 성공자들이 하나같이 말하는 핵심을 기억해봐야 할 것 같다. 네트워크비즈니스는 결코 한 번에 대박을 안겨주지 않는다. 성공은 사업 시스템을 철저히 이해하고 시스템을 좇아 행동하는 근면이 만들어내는 노력의 결과물이다.

이러한 핵심을 근간으로 네트워크비즈니스를 정리해보면, '어차피 구매해야 하는 생필품을 지금까지 이용하던 일반 점포 대신 소비자 멤버십으로 운영하는 점포에서 구매함으로써 돈을 벌 수 있는 일종의 프로슈머 비즈니스'다.

생활이 비즈니스이므로 전문성이나 자본금은 필요 없다. 다만 상당액의 소득을 얻으려면 소비자 멤버십이 일정 수준 이상의 규모가 되어야 하므로 멤버십을 구축하는 데 필요한 시간과 노력이 투입되어야 한다. 이러한 특성상 한 번에 대박을 터뜨리기는 어렵다. 하지만 분명한 것은 축적의 힘이 가동되는 시기가 되면 시간과 돈으로부터 자유를 얻을 수 있는 '천천히 터지면서 계속 이어지는 대박'으로 된다는 사실이다. 네트워크 비즈니스는 당신에게 주어진 21세기 최고의 성공 기회라 할 수 있다.

당신이라면 어떤 사업을 선택할 것인가?

첫째, '인고의 시간을 견뎌낼 여유가 없다, 죽이 되든지 밥이 되든지 단기간에 대박을 터뜨릴 수 있으면 된다', 둘째, '아니다, 성공의 원칙을 단계적으로 밟아가며 크고 안정적인 평생 사업, 가업으로 물려줄 수 있는 사업을 만들어야 한다'. 어느 쪽인가?

나 자신도 네트워크비즈니스를 시작할 당시 사실 반신반의하였다. 일하지 않아도 돈이 계속 나오는 삶을 꿈꾸면서도 그런 삶은 본 적도 들은 적도 없었기에 그림 자체가 그려지지 않았다. 하지만 참으로 우연하게 네트워크비즈니스에 대한 정보를 얻게 되었다. 그리고 난생처음으로 나는 소중한 사람이며, 내 안에도 아직 잠자는 거인, 꿈이 살아 있다는 것을 깨닫고 큐피드 화살에 맞은 것처럼 이 사업과 사랑에 빠져버렸다. 누구도 말리지 못하고, 심지어 나 자신마저도 옴짝달싹할 수 없을 정도의 엄청난 사랑이었다. 자나 깨나 어떻게 하면 꿈을 이룰 수 있을까에 집중하다 보니 나도 모르게 놀라울 정도로 성장해 있었다. 돌이켜보면 이 사업은 '생필품 소비와 기하급수 원리와의 만남', 'SNS 시스템과 성공 마인드의 융합'이 만들어낸 최고의 걸작품, 종합 예술이라 할 수 있다.

  당신에게도 다르지 않을 것이다. 진정으로 돈 걱정 없는 노후, 인간다운 삶, 생계가 아닌 꿈을 위한 삶을 살고 싶다면 마르지 않는 금맥, 황금알을 낳는 '소비자 멤버십 구축'이 그 답이 될 수 있다는 점을 기억해둘 필요가 있다. 늦었다고 생각하지 말고 그냥 오늘, 나 자신이 쓰는 생필품부터 바꾸면 이미 이 사업을 시작한 것과 같으며 절반의 성공을 이룬 것과 다름없다.

02 당신은 **어떻게** **부자**가 되었습니까?

《부자 아빠 가난한 아빠》를 보면 기요사키의 부자 아빠가 이런 이야기를 한다. 자신이 운영하는 사업체에 100명 넘는 종업원이 있는데 그 누구도 "어떻게 하면 부자가 될 수 있느냐?"고 묻지 않았다. 그런데 아홉 살짜리 꼬마 기요사키가 처음으로 그 질문을 하더라. 즉 부자에게 어떻게 부자가 되었냐고 질문할 줄 알아야 부자가 될 수 있다는 이야기다.

종업원들은 바보처럼 부자에게 부자가 된 비결을 묻지 않고, 봉급 인상에 대해 묻는다. 이는 보통 사람들이 살아가는 방식이다. 나 역시 20대 후반 첫 발령지에서 돈이 잘 벌려서 돈 셀 겨를조차 없다던 우유 보급소 소장과 함께 일을 했었다. 1988년 서울 올림픽이 열리고 분당, 일산 등 신도시가 개발되던 때, 베이비부머들이 결혼을 하고 아이를 낳으면서 부동산 사업과 모든 사업들이 잘되던 때였다. 신설 학교가 계속 늘어나며 학교 우유 급식이 막 생길 때, 그 우유 보급소 소장님은 몇몇 학교에 하루 1만 개 이상 우유를 보급하고, 샷시 대리점까지 했으니 당연히 잠잘 시간이 없을 수밖에……. 그때 "사장님, 어떻게 하면 저도 사장님처럼 돈을 벌 수 있을까요?" 하고 간단한 질문 하나를 던져보았더라면, 인생의 전환점이 훨씬 빨리 왔을지도 모른다.

네트워크비즈니스를 공부하며 알게 된 '노동 수입과 시스템 소득의 차이'를 혈기 충천했던 그 젊은 날, 그러한 질문을 통해 더 빨리 알았더라면 하는 아쉬움이 크다. 그런 아쉬움이 크기 때문에 내가 '네트워크비즈니스 전도사' 역할에 더욱더 열의를 갖는지도 모르겠다.

솔개의 선택을 기억하라

습관을 바꾸고, 삶을 바꾸는 것은 지속적이고 반복적인 교육을 통해서만이 가능하다. 좋은 문화와 교육 시스템 안에서 생활하다 보면 자연스럽게 성공자의 대열에 들어갈 수 있다. 낙숫물이 바위를 뚫듯이, 끊임없이 배우고 노력하는 사람은 어떠한 어려움도 이겨낼 수 있는 지혜와 능력을 갖게 되고, 철저한 자기 관리로 끝까지 포기하지 않으니 결국 성공할 수밖에 없는 것이다.

'1만 시간의 법칙'을 다시 기억해보자. 어느 한 분야의 진정한 전문가가 되기 위해 필요한 노력을 시간으로 계산하니 바로 1만 시간이더라는 것이다. 1만 시간은 하루 3시간, 일주일에 약 20시간씩 10년간 연습한 것과 같다. 네트워크비즈니스에서도 1만 시간의 법칙이 통용됨을 알 수 있다. 10년 전에는 이런 법칙조차 없었고, 1인 기업이나 자기계발이라는 단어 역시 알지 못했다. 다행히 나는 10년 전에 네트워크 비즈니스의 길을 들어서서 월 4~5권의 책을 읽고 최소한 하루 3시간 이상은 네트워크비즈니스와 관련한 강의나 활동을 하면서 10년 이상이 지나고 나니 1인 기업가로, 텔레비전 토크쇼에 초대되는 네트워크비즈니스 전문가로 성장할 수 있었다.

성공자로 탈바꿈하기 위해서는 '솔개의 고통'을 겪어야 한다. 솔개는 평균 80년을 산다. 하지만 반평생이 지난 40살이 되어 솔개는 결단을 내려야 한다. 새로운 삶을 위해 무디어진 부리가 닳아 없어질 때까지 바위를 쪼고, 낡은 발톱과 무거워진 깃털을 하나씩 뽑아낼 것인가, 아니면 그냥 이대로 무디어진 몸 그대로 남은 생애를 살아갈 것인가. 솔개가 새로운 삶을 위해 기꺼이 뼈를 깎는 고통을 선택하듯이 우리도 역시 변화의 고통을 선택해야 한다.

그런데 요즘은 많은 사람들이 서서히 삶아져 죽어가는 냄비 속 개구리처럼 위험이 다가오는데도 꼼짝도 하지 않은 채 살아가려 한다.

우여곡절 끝에 선택해 네트워크비즈니스 시스템에 합류한 사람들조차 마찬가지다. 당연히 가지고 있어야 할 꿈과 목표를 찾는 것조차 힘겨워한다. 어렵사리 선택했다 하더라도 실제로 변화된 모습을 갖기까지는 솔개처럼 수많은 고통을 이겨내야 한다.

진정한 변화를 위해서는 먼저 과거, 성공과 무관했던 습관을 버리고 새롭게 태어나야 한다. 솔개가 부리와 발톱, 깃털을 뽑은 후 새로운 것들을 가질 수 있었듯이.

우린 참새가 아니라 솔개다

노인 빈곤율 1위 '한국' OECD 회원국 중 상승폭 가장 커 '심각'

우리나라가 노인 빈곤율 1위를 차지한 가운데, 상승 속도 역시 경제협력개발기구(OECD) 회원국 가운데 가장 빠른 것으로 나타났다.
17일 기획재정부와 OECD에 따르면 한국의 65세 이상 노인의 빈곤율이 2007년 44.6%에서 2011년 48.6%로 4년 만에 4%포인트나 상승한 것으로 전해졌다. 우리나라 노인 빈곤율은 OECD 평균인 12.4%(2010년)의 4배 수준이며 2위인 호주(35.5%)보다 10%포인트 이상 높은 것으로 나타났다. 65세가 되었을 때 경제적으로 자립할 수 있는 사람은 3% 이내라고 한다.

- 2013년 11월 18일자 매일신문

신문 기사 소개 후 강의를 하며 '오늘 당장 가장이 실직했을 경우, 200만 원 이상 연금성 소득이 가능한 분 손을 들어보시라' 하니 몇 분 들지 않는다. 신문 자료를 통해 심각한 현실을 알리고, 네트워크 사업의 비전과 나의 경험담을 이야기하며 위기가 기회이니 열심히 해보자 말씀드려도 자신이 없다 하신다.

100명 중 3등 안에 든다는 게 쉬운 일은 아니다. 하지만 누군가가 그것을 해냈다면 반드시 거기에는 어떤 방법이 있을 것이고, 그 방법을 좇아 가다 보면 자신의 길을 찾을 수 있을 것이다.

마음만 먹으면 충분히 할 수 있는 일임에도 미리 할 수 없다 생각하고 포기해버리는 것을 보면 안타깝기도 하다. 그리고 실제로 유사 이래 가장 부자 되기가 쉬운 때가 우리가 살고 있는 지금이다. 하면 되는 일이 얼마나 많은데, 어째서 미리 안 된다는 생각부터 하는지 가끔은 화가 나기도 한다. 하겠다는 의지를 가지고 해낸 사람을 따라 하면 시간의 문제일 뿐 결국은 이루어지게 마련인데, 사람들은 닥치지도 않은 일을 미리 걱정하며 시작조차 하지 않으려 한다.

우리는 항상 깨어 있어야 한다. 언제부터 누구로부터인지도 모르게 시작된 "오르지 못할 나무는 쳐다보지도 마라", "송충이는 솔잎을 먹고 살아야 한다"와 같은 우민화(愚民化) 교육에 순응하며 살아가고 있는 건 아닌지. 자신이 처한 상황을 외부의 탓으로 돌리며 자신을 합리화하고 있는 건 아닌지, 항상 생각해보아야 한다.

인류 역사를 보면 항상 두 개의 계급이 존재했다. 지배 계급과 피지배 계급. 전자는 후자에게 많은 것들을 금지했는데, 대표적인 것이 인문 고전 독서였다. 조선의 지배 계급은 인문 고전 독서가 업(業)이었으니 피지배 계급은 인문 고전에 대한 접근이 허락되지 않았다. 중국 역시 지배 계급은 지나칠 정도로 독서를 중시했던 반면 피지배 계급은 독서와는 아주 멀리 떨어져 있었다. 일본 쇼군 계급은 중국 고전을 비밀 문서처럼 전수했지만, 다른 계급은 고전이 존재하는지조차 몰랐다. 유럽의 왕가와 명문 귀족 집안에서 실시한 주된 교육은 인문 고전 독서였다. 평민 이하 계급은 접근할 수 있는 길이 원천적으로 차단되어 있었다.

미국의 백인 지배 계급은 흑인 노예 계급에게 인문 고전 독서는 물론이고 교육 자체를 금지했다. 농노에게 글을 가르치면 죽지 않을 만큼 매질하고 감옥에 가둔 유럽 및 러시아의 지배 계급에게 배운 것이다.

21세기 지구의 지배 계급이라고 할 수 있는 선진국들은 인문 고전 독서에 열심이다. 그런데 피지배 계급이라 할 수 있는 후진국들은 독서와는 거리가 멀다. 아니, 국민 대다수가 문맹이다. 도대체 왜 이런 일이 벌어지는 걸까? 단언하기는 힘들지만 어쩌면 그것은 인류 역사의 어느 시대, 어느 국가를 막론하고 동일하게 나타났던 지배 계급의

'의도'는 아닐까? (이지성의 《리딩으로 리드하라》 인용) 권력자들, 부자들이 자기 지위를 오래도록 안정적으로 누리기 위해 의도적으로 피지배민들을 교육한 것일 수도 있다.

정면으로 도전해 깨뜨려야 할 것들이다. 하면 된다, 할 수 있다는 의지를 가지고 노력하고 연구하면 방법은 반드시 있기 마련이다.

성공한 사람이건 부자건 저소득층에 있는 사람과 대체 뭐가 다른가? 태어난 모습은 같은데 처한 환경에 따라 부자 습관과 가난의 습관이 학습될 뿐이다. 불행인지, 다행인지 사람들은 결국 자기가 규정한 그 생각의 테두리 안에서 살아가게 된다. 그저 성공의 방법을 몰랐을 뿐, 누구나 성공의 시스템을 알고 그대로 따라만 하면 가능한데 스스로 도전을 포기하는 것을 보면 안타깝다.

솔개라는 새는 태어나서 40년이 넘으면 높은 바위산으로 올라가 환골탈태를 시도한다. 낡고 구부러진 부리가 닳아 없어질 때까지 바위를 쪼고 또 쫀다. 닳아 없어진 자리에 매끈하고 튼튼한 새 부리가 돋아나면, 새 부리로 낡은 발톱과 무거워 날기 어려운 낡은 깃털을 모두 뽑아내고 새로운 발톱과 깃털을 얻기까지 6개월여의 힘든 시간을 보낸다. 하지만 이 기간을 잘 버티고 나면 새로 난 부리와 발톱, 깃털로 30년을 더 살게 된다.

네트워크비즈니스도 마찬가지다. 3~5년의 삶을 변화시켜주는 교육 시스템 안에서 지내다 보면 새롭게 태어난 솔개처럼 되는 사업이다. 알고 보면 남녀노소 누구나 할 수 있는 사업이고, 새로운 삶을 위해 도전해볼 수 있는 사업이다. 처음에는 "자신은 없지만 품목이 생필품이니 괜찮을 것 같네요"라든가, "그저 100만 원만 벌면 좋지요"라고 했던 평범한 사람들이 네트워크비즈니스의 시스템 안에서 꿈을 키워나가며 변화하고 성취하는 모습에 큰 보람과 긍지를 느낀다.

네트워크비즈니스는 결국 우리는 모두 참새가 아닌 솔개였다는 점을 깨닫게 해주는 사업인 셈이다.

03 빨리 이해하는 사람, 늦게 이해하는 사람

누군가 이 사업에 대해 물으면, 나는 "언젠가는 반드시 되므로 포기하지 말고 평생 해야 하는 사업"이라고 말해준다. 네트워크비즈니스의 비전과 시스템은 직접 결과를 내기 전에는 아무리 가르쳐주어도 이해할 수 없지만, 주위에서 성공하는 모습을 보게 되면 서서히 자연스럽게 이해하게 된다. 나 역시 세계 8대 불가사의 중의 하나인 '배가(倍加)의 개념'에 대해서 직접 경험을 하기 전에는 도저히 상상조차 할 수 없었다. 지금 당장 이해하기 어려워하는 사람도 시간이 지나면 이해하게 되고, 이해하게 되면 자연스레 소비자가 되거나 사업에 동참하게 된다.

사업을 이해하기까지

　사업 초기, 이 사업을 반대하는 남편에게 1년만 열심히 해보고 안 되면 그만두겠다고 했다. 그렇게 쉽게 말할 수 있었던 것은 그때만 해도 나 또한 '정통 네트워크 사업'이 무엇인지 몰랐기 때문이었다.

　10년여 세월이 흐른 지금은 이 사업을 죽는 날까지 하고, 가업으로 물려주어야겠다는 생각까지 하게 되었다. 얼마 전 시어머니 제사를 모시며 가족들과 진지하게 네트워크비즈니스에 대해 이야기를 나눈 것도 이런 생각의 연장이었다. 가족들이 모이면 우리와는 별로 상관없는 남들 이야기만 실컷 한다. 그러다 부자 되는 이야기, 꿈, 사업, 제품 이야기를 하면 순간적으로 썰렁해지곤 했다. 그럴 때마다 사업 초기에는 가족들이 왜 나를 이해해주지 못할까 가슴앓이도 참 많이 했다.

　그 후로 10년이 지난 지금 생각해보니 그럴 수밖에 없었던 것 같다. 다른 사람들은 들을 준비가 되어 있지 않은 상태였고, 나 역시도 사업에 대해 제대로 알지 못한 채로 단지 끓어오르는 열정만 가지고 시도 때도 없이 사업 이야기를 꺼냈기 때문이다. 즉, 나의 열정을 다른 사람들에게 무리하게 강요했었던 것이다. 이제야 내가 아팠고 외로웠던 것처럼 내 가족들도 마찬가지였을 것이라는 생각이 든다.

친척들도 비슷했다. 시동생, 동서들과 함께 꿈을 이야기하고 사업을 이야기한 지는 사실 얼마 되지 않았다. 내가 사업에 대해 이야기하면 아예 듣지도 않았다. 그동안 서로를 어지간히 힘들게 했던 것 같다. 하지만 이제 거대한 변화의 물결을 비켜갈 수 있는 사람은 아무도 없다는 점을 공감하고, 생활이 곧 사업이며 얽매여 일하지 않고도 월 1000만 원 이상의 고정수입이 발생할 수 있는 원리들을 하나하나 이해해가면서 가족 간의 분위기도 변했다.

셋째 시동생의 꿈은 노인 병원을 짓는 것이다. 250개 정도의 병상을 계획하고 있다. 시애틀에 사는 막내 시동생은 스마트폰 관련 사업을 하며 인세 소득을 받는 게 꿈이다. 그 꿈에 대한 이야기도 함께 나눌 정도가 되었다. 그간 내가 지역 강의를 가도 관심이 없던 시누이와 시누 남편도 이제는 강의를 들어보겠다고 한다.

얼마나 서운했던지 반드시 성공해서 '화려한 복수'를 해주겠다고 다짐을 하게 했던 나의 가족들……. 이제는 밉지 않은 것을 보니 당시에는 너무 힘들어서 그랬나 보다. 사랑하기만도 너무나 짧은 인생, 서로 소통해야겠다는 생각에 가족 카톡방을 만드니 모두들 고맙다며 긴 글들을 주고받는다. 가족들의 변화된 모습을 보며, '포기하지 않고 꾸준히만 하면 누구든 멤버십으로 묶인다'는 이 사업의 원리를 다시 한 번 깨닫는다.

진정한 성공은 퇴직 이후에도 유지되는 성공

 30~40대에 건강하지 않고, 잘나가지 않는 사람은 드물다. 그래서 퇴직 이후에도 성공한 모습이 유지되어야 비로소 진정한 성공이라 할 수 있다. 주변에 수십억 원을 들여 자영사업을 했던 사람도 있고, 병원을 운영했던 사람도 있다. 회사나 공직사회의 주요 직위에 있었던 사람들도 있다.

 하지만 도시락만 한 작은 데모 키트 하나 들고 무점포, 무경험으로, 부업으로 시작했던 네트워크비즈니스가 나에게 노년까지도 성공을 유지할 수 있게 하는 강력한 성공 도구가 되었다. 만일 중도에 이 사업을 포기했다면 어떻게 됐을까? 나 또한 해봤는데 안 되는 사업이라고 말하고 다녔을지도 모르겠다.

 지금으로부터 또 10년 후, 20년 후 우리들의 모습은 어떨까? 내가 이 일을 시작할 때 10년 후 지금 같은 역동적이고 풍요로운 삶이 다가올 줄 미처 몰랐다. 처음 하는 일이라 좌충우돌, 헤매고 넘어지고 깨지며 시행착오도 많았음에도, 이제는 그 누구보다 이 사업에 보람을 느끼며 더 크게 성장할 수 있는 시스템을 만들었음에 행복하다. 수억에서 수십억까지 투자하고 가족들의 전폭적인 지지를 받으며 시작한 다른 사업들보다 부업, 소자본, 무경험, 무점포로 홀대받으며 시작했던 이 사업이 더 만족스러운 결과를 줄 수 있다는 사실이 놀라울 따름이다.

혼히들 아는 만큼 듣고, 아는 만큼 본다고 말한다. 이 사업 역시 귀를 열고, 눈을 열지 않으면 이 사업이 가지고 있는 비전을 본다는 것이 쉽지 않을 것이다. 첫 번째 강의나 만남에서 곧바로 그 비전을 알아보는 사람이 있는가 하면, 10년 이상이 지나서야 알아보는 사람도 있다. 물론 평생 알아보지 못하는 사람도 있을 것이다.

많은 사람들을 만나며 스스로 한 가지를 다짐하곤 한다. 절대 포기하지 않고 꾸준히 해야겠다. 제대로 해야 오래오래 할 수 있으니 원칙에 충실하여 최선을 다해야겠다. 이런 다짐이 힘들 때 나를 받쳐주는 든든한 지지대가 되어주었다.

네트워크비즈니스는 진정한 성공 도구의 하나다, 정통 네트워크 사업은 될 수밖에 없는 사업이다, 거스를 수 없는 시대적 대세다, 내가 하지 않더라도 누군가는 이 사업으로 엄청난 성공을 이루게 되어있다는 사실을 세상에 알리는 것을 나의 사명으로 여기고 쉼 없이 정진하여 많은이에게 성공의 기회를 주고 싶다.

04 주방세제와 치약이 가져다준 마법

왜 사람들은 이 사업의 비전을 제대로 보지 못할까?

비전을 본다는 것은 이 사업을 통해 이상(理想)으로 그리는 미래의 모습, 즉 꿈을 이룰 수 있겠다는 생각이 든다는 것이다. 지금 당장의 삶은 고단해도 이 사업을 바탕으로 무궁무진한 자유를 누릴 수 있다는 비전을 확신할 수 있다면 많은 사람들의 생각이 달라질 것이다.

이 세상에 자유를 싫어하는 사람은 없다. 사업 초기 내가 가장 즐겨 불렀던 노래는 김종환의 '사랑을 위하여'였다. "하루를 살아도 행복할 수 있다면 나는 그 길을 택하고 싶다"는 노랫말…….

시간과 돈에 얽매이지 않는 여유로운 삶, 출퇴근 시간에 얽매이지 않고 자유롭게 사는 삶, 떠나고 싶을 때 언제든 훌쩍 떠날 수 있는 자유, 돈 생각하지 않고 입고 싶은 옷 고르고 부모님 용돈 맘껏 드릴 수 있는 삶……. 그런 삶을 꿈꾸면서도 과연 그런 날이 올까 반신반의하며 노래를 불렀었다.

10년 전을 생각하면 어쩜 이리 슬프도록 초라한 꿈을 꾸었을까 싶다. 마치 원래 이렇게 살았던 것처럼 이젠 자연스런 일상이 되었다. 내가 일하지 않아도 생활 관리사의 도움으로 집안이 돌아가고, 돈 버는 시스템이 돌아가니 시간과 돈이 복제되어 쌓인다. 여유로운 시간과 돈을 가지고 내가 좋아하는 일을, 선택해서 할 수 있다. 모든 게 나의 선택에 의해 움직이는 주인공의 삶을 살 수 있다.

이렇게 나를 중심으로 움직이는 삶에서는 모든 것이 달라질 수밖에 없다. 출퇴근을 위해 버려지는 시간도 없고, 사람들 사이에서 낭비되는 에너지도 없다. 하고 싶은 일을 하고, 만나고 싶은 사람만 만나도 누구 하나 뭐라 하지 않는다. 나의 삶이다. 나에게 주어진 무궁무진한 자유를 누리면서도 어떻게 이런 삶이 가능할까 반신반의한 적도 많았다.

가끔씩 이 사업을 권할 때 '시간이 없어서', '직장에서 못하게 해서', '가족이 반대해서' 못한다고 말했던 사람들이 떠오른다. 직장에 다녀야 하고, 가족들 수발도 들어야 하니 시간도 돈도 마음도 내 것이 아니어서 선뜻 도전할 수 없다는 이야기들이다. 이렇게 우리를 구속하는 시간, 직장, 돈으로부터 자유로울 수 있는 유일한 방법은 '시간과 돈을 복제해내는 시스템을 만드는 것'이다. 이러한 시스템을 만들지 않고는 죽는 날까지 빈곤의 악순환을 벗어나기 어려울 뿐 아니라 빈곤이 대물림되기 십상이다. 언젠가 한 번은 악순환의 고리를 끊어야 한다는 생각, 그 시기로는 세상이 바뀌는 혁명기가 가장 쉽다는 생각으로 했는데 참 잘했다는 자부심을 갖게 한다.

주방세제와 치약이 성공의 발판

이런 간단한 원리를 이해하지 못하는 사람들이 많은 것은 너무나 당연한 일이다.

아인슈타인까지도 '세계 8대 불가사의'라고 부르며 놀라워한 '배가의 개념'은 엄청난 부를 창출하는 원리지만, 직접 경험하기 전에는 절대로 알 수도 없고, 설명할 수도 없기에 불가사의(不可思議)라 했을 것이다.

나 역시 지금과 같은 생활의 자유를 얻기 전까지는 이런 삶의 모습을 그릴 수 없었다. 그런 나였기에, 출근도 하지 않는데 직장 봉급과는 비교도 할 수 없는 돈이 파이프라인을 통해 계속 들어온다는 말이나, 자유로운 삶을 마음껏 누릴 수 있다는 말을 아무리 들어도 전혀 공감하지 못했던 것이다. 공감하기는 어려웠지만 마음을 열고 사업의 원리를 쫓아 시스템대로 행동하다 보니 나의 삶이 달라진 것이다. 출근 준비로 바쁠 시간에, 밀리는 차 안에서 애태울 시간에 세계적인 휴양지 스위트룸에서 아침을 맞이할 수 있는 삶도 어찌 보면 이 간단한 원리에서 비롯되었다. 자유로운 삶을 위해서는 자신을 변화시킬 수 있는 투자가 필요하고, 목표를 향해 끊임없이 노력할 수 있는 꾸준함이 필요하다. 무자본 사업이지만 사업을 이해하고 자기계발에 필요한 책도 사 읽어야 하고, 테이프도 들어야 하며, 사람들을 만나서 밥도 먹어야 한다.

사업 초기의 제품 경험도 마찬가지다. 제품 애용은 사업을 성공적으로 이끄는 힘의 원천이 된다. 내가 감동받은 제품은 다른 사람에게 자신 있게 소개할 수 있다. 하지만 이러한 정도의 투자마저도 하지 않겠다는 것은 이 사업의 원리와 본질을 이해하지 못했다는 것이다.

돌이켜보면 이러한 소규모 투자에 대한 의심 때문에 의심하고 쭈뼛대다가 기회를 놓치는 분들도 많았다. 5,000원짜리 책 한 권, 2,000원짜리 테이프와 유튜브, SNS정보를 통해 시대의 흐름과 미래를 보는 안목을 키우고 부자가 되는 정보를 얻을 수 있으며 본인도 모르는 내면의 잠자는 거인을 깨울 수도 있다는 사실을 더 많이 알리고 싶은 심정이다. 5,500원짜리 주방세제가 1억, 10억, 100억의 소비자 그룹을 만드는 마중물이 되고, 부자들의 상징이라 할 수 있는 요트와 스위트

룸의 주인이 될 수 있는 길을 만들어준다는 사실을 처음부터 알기는 어렵다. 당신이 지금 사용하고 있는 주방세제, 치약, 화장품 등을 대형마트나 슈퍼에서 평생 쓴다고 해서 당신이 부자가 될 수 있는 것은 아니다. 하지만 이러한 생필품을 당신의 슈퍼에서 사서 쓰고 다른 사람들이 당신 슈퍼를 이용할 수 있도록 안내해주면 당신이 부자가 될 수 있는 기회를 갖게 되는 것이다. 생필품을 구매하는 슈퍼 하나를 바꿈으로써 '돈으로부터의 자유' 라는 기적이 생긴다면 이 얼마나 놀라운 일인가.

누누이 강조하지만, 자유로운 삶은 결코 거저 주어지지는 않는다. 사업의 원리를 이해하고 꿈과 시스템을 믿고 자투리 시간과 생필품, 열정을 지렛대 삼아 큰 결과를 이룰 수 있는 것이다. 펌프의 마중물과 같은 작은 투자가 사업의 맥이다. 성공을 위한 마중물이 없으면 찾아온 성공의 기회 역시 사라져버린다.

돈은 자유를 위한 수단이다

현재 누리고 있는 귀중한 자유가 10년 이상의 누적된 희생과 노력의 댓가라는 사실은 간과할 수 없다. 퇴근 후 쉬고 싶은 마음을 과감히 떨쳐버리고 강의와 미팅에 참석한 댓가, 세미나와 랠리 등 수많은 행사에서 맡겨진 역할을 충실히 봉사한 대가, 목표한 직급 달성을 위해 목숨을 걸고 뛰었던 시간들, 하고 싶지 않은 일이지만 반드시 해내야 하는 일이기에 나 자신과 처절히 싸워야 했던 아픔들이 지금의 보상으로 돌아온 것이다.

사람들은 "돈이 인생의 전부는 아니다", "부자가 더 무섭다"고 말하곤 한다. 맞는 말이다. 사람들이 진정으로 원하는 것은 돈 자체가 아니라 돈을 통한 자유일 수 있다. 돈이 없으면 돈을 벌기 위해 소중한 시간을 써야 하다. 물론 돈은 삶의 수단일 뿐 삶 자체는 아니다. 있으면 편리하지만, 없으면 무엇보다 무서운 것이 돈이라는 사실을 젊었을 때는 지금처럼 깊이 이해하지 못했던 것 같다.

진정한 자유를 갖기 위해서는 돈이 있어야 한다. 진정한 성공, 자유, 백만장자를 꿈꾼다면 비전을 설정하고, 집중해서 행동해야 한다. 성공과 무관한 시간과 생각은 과감히 가지치기를 해야 한다. 네트워크비즈니스에서 성공에 대한 확신이 들기 시작하면 사업 자체가 세상에서 가장 재미있는 일이자 게임이 된다.

당신도 성공한 사람들의 라이프 스타일, 즉 시간과 돈의 자유를 누리면서도 머리와 가슴속엔 아름다운 꿈이 있고, 입으로는 늘 칭찬과 격려를 하며, 이런 친구들이 무리 지어 있는 삶을 직접 하루라도 경험해보기 바란다. 이런 경험을 단 하루만 하더라도 이 사업을 하지 않을 사람은 없을 것이다.

> **tip 세미나 참여는 사업 성공에 얼마나 기여할까?**
>
> 세미나 시스템이 없었다면 오늘의 삶이 가능했을까 생각해보곤 한다. 애용, 미팅 참석, 세미나와 랠리 참석, 이것들이야말로 직접 경험해보지 않고는 절대로 알 수 없는 성공의 비밀이다.
> 150회째 세미나 랠리에 참여하면서 '결국 성공은 낙숫물이 바위를 꿰뚫는 것과 비슷하다'는 생각이 들었다. 누구나 성공할 수 없는 이유, 성공이 귀한 이유가 이런 것이지 싶다.
> 사실 성공해서 부자가 되고 인간다운 삶을 살고 싶다고 꿈꾸지 않는 사람이 세상에 있을까? 하지만 대부분의 사람들은 변화가 성공의 밑바탕이며, 독서와 교육이 변화의 첩경임을 알지 못한 채 꿈과는 거리가 먼 삶을 살아간다. 그저 바빠서, 멀어서, 쉬고 싶어서, 아이들이 수험생이어서…….
> 사실 나도 처음에는 갈등했다. 물론 삶을 가지치기하고 삶의 우선순위를 세미나에 둔다는 것은 가정주부로서 아주 큰 용기가 필요했다. 고집 센 며느리이자 딸, 아내, 어머니 덕택에 생신도, 제사도 바뀌고 결혼식, 곗날, 친목회 날도 나에게 맞추어진다. 그렇게 10년 지나니 우리 가족의 삶의 질이 바뀌었다. 그렇게 해서라도 세미나 랠리에 참석하지 않았더라면, 과연 오늘의 기적이 가능했을까?
> 지금도 나는 사람들을 만나면, 한두 번 세미나 참석으로는 인생이 바뀌

지는 않지만 100회, 200회 참석하면 달라진다고 말한다. 결국 성공은 낙숫물로 바윗돌을 깨뜨리는 작은 노력, 부단한 노력들이 모여 이룩되는 것이다.

그저 타성에 젖은 세미나 참석은 도움이 되지 않는다. 사업 초기, 세미나를 손꼽아 기다리며 사람들을 초대하고, 감동에 잠을 이루지 못한 채 밤새 편지를 쓰던 기억이 난다. 그때의 열정이 오늘의 나를 만든 것이다. 마치 연예인처럼 화려하면서 자신의 능력과 끼를 맘껏 발휘하는 삶! 만일 사업을 하지 않았다면 이 끼와 꿈, 열정을 그냥 공동묘지로 가져갈 뻔했다!!!

05 네트워크비즈니스는 팀워크 비즈니스다

우연한 기회에 네트워크비즈니스를 만나 직업이 바뀌고 인생이 송두리째 바뀌었다. 사람들과의 만남, 책과의 만남, 음악회, 세미나 참석 등을 진행하면서 서서히 변화하다 보니 완전히 다른 인생이 되었다.

2013년 5월 15일, 함께 사업하시는 분들 600여 명과 음악회에 참석했다. 남산 국립 해오름극장에서 열리는 〈유니온 정오의 음악회〉였다. 그날 감동이 너무 커서 불현듯 머릿속에 우리 네트워크 멤버들과 합창단을 만들면 어떨까 하는 생각이 들었다. 귀갓길에 감동의 여운이 남아 합창단을 만들고 싶다는 꿈을 카톡에 올렸다.

그런데 글을 올리자마자 합창단을 재미있게 이끌 자신이 있다는 김승희 사장 댓글이 올라온다. 장애인 재단 사업을 맡고 계신 김승희 사장은 성악을 전공한 인천시립합창단 단원이었다. 그 사실을 깜빡 잊고 있었는데, 이래서 꿈은 늘 사람들에게 이야기하고 공유하며 도와줄 사람을 찾는 게 중요하다는 사실을 또 배운다. 그런데 시간이 갈수록 반응들이 더 놀라웠다.

"저는 소프라노 할게요."

"저는 알토를 하고 싶은데요."

"저는 베이스가 맞습니다."

"저는 드럼을 칠 수 있답니다."

모두가 자신의 역할을 찾아가며, '할 수 있다'고 말했다. 심지어 지방에서 사업하는 사람들까지도 이 합창을 위해서라면 서울로 올라오겠다고 한다. 이렇게 노래하고 연주하고 싶은 사람들이 많다는 게 놀라웠다. 노래하고 싶은 사람이 15명 이상 모이면 합창을 시작할 수 있다고 한다. 그렇게 합창단이 만들어지기까지 딱 열흘이 걸렸다. 지휘자가 정해지니 장소, 시간을 정하고 노래하고 싶은 사람들이 모이고 피아노를 준비하고 삽시간에 합창단이 결성된 것이다.

시간은 기존의 사업자 미팅 시간 일부를 활용, 주 1회 연습하기로 했다. 합창 또한 사업의 일부가 되고 보니 이보다 더 멋진 사업이 있을까 하는 생각이 들었다. 이거야말로 정통 네트워크의 힘이자 교육이 일상화된 사람들의 팀워크가 있었기에 가능한 일이었다. 소위 다단계 피라미드와 같은 돈만 좇는 집단에서는 상상조차 할 수 없는 일일 것이다.

함께 성장하는 즐거움

　합창단을 결성, 4개월 만에 무대에 서며 또 다른 성취감과 행복을 느낀다. 노래방에 가도 마이크 한 번 잡지 않던 내가 합창단을 창단하고 합창에 참여하는 걸 보니 나는 완전히 네트워크비즈니스 체질이구나 하는 생각이 들었다. 이상하리만큼 노래 부르는 시간은 즐겁기만 하다. 마음이 편하고 행복하니 스스로 품격과 자존감이 높아지고 충만함과 감사하는 마음이 솟는다.

　지휘자인 김승희 사장은 항상 소프라노, 알토, 테너, 베이스 파트에게 각자의 색깔을 내라고 주문한다. 악보도 제대로 읽지 못하고 음감도 부족한 오합지졸에 가까웠던 합창단원이지만, 지휘자가 시키는 대로 하다 보면 아름다운 하모니를 만들 수 있다고 한다. 믿고 따라가니 정말로 하모니가 만들어진다. 모두 각각 다른 색깔들이 모여 만들어내는 조화에 매료되고, 우리 스스로 만들어낸 작품이 신기하고 만족스러워 박수를 친다. 그렇게 박수를 치다 보면 스트레스가 날아가고 모두가 하나가 된다. 온갖 희로애락을 아름답게 승화해 만들어내는 예술의 세계는 인간만이 누릴 수 있는 선물이 아닐까 싶을 정도다.

팀워크가 곧바로 사업이다

무슨 일이든 결과물이 나오기까지는 어려움이 따르기 마련이다. 합창단을 만드는 데도 나름 갈등이 많았다. 모두들 사업할 시간도 부족한데 합창 연습에 귀한 시간을 쓰는 것은 사치가 아닐까 하는 생각이 들기도 했다. 그런데 재미로 시작한 합창단이 생각과는 다르게 사업에도 큰 도움이 된다는 걸 서서히 깨닫게 되었다.

첫째, 나 스스로가 밝아지고 긍정적으로 변하니 좋은 에너지가 발산될 수밖에 없었다. 스스로가 더 '괜찮은 나'가 되어야 사업도 잘된다는 것이 평소 신조였던 나에게는 정말로 유용한 기회였던 셈이다.

둘째, 노래가 좋아 합창단을 찾아오는 사람들에게 사업을 알릴 수 있다는 장점도 있다. 자연스러운 분위기 속에서 화합하고, 한 주 동안 사업으로 바쁘게 움직이며 지친 서로를 치유해주는 시간이기도 하다. 또한 세미나와 랠리 무대에 오르기 쑥스러워하는 이들도 자꾸 합창 무대에 오르다 보면 무대에 대한 두려움을 떨쳐버릴 수 있을 것이다.

무엇보다 합창이 사업에 도움이 되는 이유는 스스로 향기 나는 리더, 함께하고 싶은 사람이 될 수 있다는 것이다. 매력적인 사람, 함께 있으면 기분 좋은 사람, 유익한 사람이 되는 것, 이것이 사업 잘하는 비결인 것이다.

사람들이 이 사업에서 원하는 것은 돈만이 아니다. 멋진 자동차나 통장을 보여주는 것은 처음에는 동기부여가 될지 모르지만 이런 과시형 동기부여는 결코 오래가지 못한다. 사람들은 함께하면 기분 좋은 친구, 힘이 되는 친구, 괜찮은 친구와의 우정과 팀워크를 돈 이상의 중요한 가치로 여긴다. 지식과 정보, 행복과 평화, 유익한 즐거움, 사람 냄새, 열정 등을 골고루 갖춘 사람이 되어야 하고 그런 사람들과 함께한다는 것이 바로 이 사업의 비전이자 희망이라는 것을 합창을 하면서 또 한 번 배운다.

사업 파트너들과 가족들이 함께 뛴 춘천 마라톤

> "함께했기에 가능했습니다."
>
> - 춘천 마라톤 20명 완주하며
> 2013년 10월 27일, 일요일

잠실종합운동장 앞에서 만난 사업 파트너들과 가족들. 어둑어둑한 새벽이어서 더욱 반가운 걸까? 마라톤을 하기 위해 새벽 6시 버스를 탔다는 것부터가 가슴 뿌듯한 일이었다.

춘천은 세계 각 곳에서 모인 마라토너들로 들썩들썩, 완전 축제 도가니였다. 도시가 온통 축제였다. 삶의 축제, 건강의 축제……. 꽃 축제나 음식 축제와는 완전히 다른 분위기였다.

이디오피아 기념관에 사업 파트너들과 가족들이 모였다. 울산팀, 부산팀, 홍이표 사장님 라인 사장님들과 회사 직원들이 합류, 50여 명이 되었다. 홍이표 사장님은 "3년 동안 둘만 다니고 20명 함께 오는 데 5년 걸렸는데, 이혜숙 사장님 라인은 첫 번에 20명이 참석했네, 완전 조폭 같다" 신다. 한 명, 두 명에서 50명 만들기가 어렵지 100명, 200명 만드는 것은 시간 문제다.

기념 촬영 후 물품 보관소에 짐을 맡기고, 풀코스와 10킬로미터로 나뉘어 파이팅을 외친 후 자기 위치로 해산했다.

100미터 뛰는 것도 어려울 나이에 마라톤 도전이라니? 혹자는 고개를 갸웃할 것이다. 그러나 넓고 푸른 공지천, 호수와 단풍, 파란 하늘, 그리고 열정적인 사람들 3만여 명. 거기서 나오는 좋은 기운이 온몸으로 마구마구 들어오는 기분이었다. 살아 있다는 것, 건강하다는 것, 뛸 수 있다는 것, 함께한다는 것, 어딘가에 속해 있다는 것 그 자체가 모두 감사요 감동이었다. 출발 대기선에서 치어리더들과 함께 하는 율동, 건강하고 열정적인 사람들, 도전을 즐기는 사람들과 함께하는 것 자체가 축제고 힐링이었다. 남편과 회사대표 이사님, 스폰서님, 파트너 사장님들, 늘 손발이 되어주시는 팀장님과 회사 직원들. 함께 어우러져 춤추고 환호하고, 스트레칭도 하며 그렇게 사업 파트너들과 가족들이 함께 모여 있음 자체가 든든하고 행복했다.

10시 정각. 출발선을 통과했다.

음악에 맞춰 경쾌하게 뛰니 정말 기분이 날아갈 듯 좋았다. 앞에도 뒤에도 옆에도 모두 아는 사람들이라 어릴 적 운동회 같았다. 얼마 만에 뛰는 것인가? 혼자라면 도전할 엄두조차 내지 못했을 텐데 함께하기에 가능한 일이었다. 여기저기서 파이팅을 외치며 서로 격려하고 뛰는 게 너무 행복했다.

3킬로미터, 5킬로미터를 넘어가며 숨이 차고 뛰기가 힘들어졌다.

"걸으면 안 돼, 제자리에서라도 뛰어야 해, 하나 둘, 하나 둘, 잘하고 있어! 지금처럼 하면 돼."

"이제 3분의 1 남았네. 7킬로미터 왔네. 이제 석촌호수 한 바퀴 남은 거야. 잘하고 있어! 하나 둘, 하나 둘……. 뒤꿈치부터 디뎌봐, 훨씬 나을 거야."

"시간 안에 갈 수 있겠어. 조금만 힘내."

처음부터 끝까지 1:1 코칭을 해주는 남편에게 힘이 되고 싶어 혼자 하려 해도 잘 안 되었다. 결승점에서의 기쁨을 생각하고, 42.195킬로미터를 뛰고 있을 장영옥 사장님 생각, 아이들 생각, 파트너들 생각을 해봐도 힘든 것은 어쩔 수 없었다. 의지도 중요하지만 실력, 체력이 받쳐줄 때 가능한 일. 의지로는 한계가 있다, 체력을 갖춰야겠다고 결심했다.

잘 뛰는 사람들이 못 뛰는 사람들을 도우며 20명 모두가 시간 내에 완주했다. 칩과 함께 완주패를 교환했다. 주최 측에서 제공하는 단팥빵과 밀감주스, 바나나 맛도 오래오래 기억되리라.

회사에서 준비해준 식사 장소로 이동하여, 음식점을 통째로 빌려 닭갈비에 옥수수막걸리까지……. 모두가 환상적이었다. 세상에 이런 회사, 이런 사업이 어디 있을까? 나의 건강과 행복을 위해 달릴 뿐이었는데 밥도 사주시고, 유니폼도 맞춰주시고, 군데군데서 기념사진 찍어주고, 함께 뛰어주시고…….

혼자서는 감히 도전조차 못했을 텐데…….

모든 게 감사고 행복이다. 평생직장, 평생친구, 평생 건강이 가능한 사업, 세상에서 가장 행복한 사업이다.

울산팀, 서울팀을 환송한 후 부산팀과 마라톤 축제 거리에서 커피 한 잔을 나눴다. 참 좋았다. 그냥 좋있다. 무조건 좋았다.

부산팀과도 헤어지고, 장영옥 사장님을 기다리는데 참 안타까웠다. 나도 쑤시고 아팠지만 아프다는 생각을 하는 것조차 죄송했다. 36킬로미터 지점인데 더 이상 뛸 수 없어 걷고 계시다고 했다. 코치님께서 다음에 도전했으면 좋겠다고 권유해보라셨다. 20킬로미터 하프를 뛴 게 1주 전인데 1주 만에 풀코스 도전은 무리였다.

장영옥 사장님은 다이어트로 시작하여 풀코스 마라톤 도전까지 1년 2개월이 걸린 셈이었다. 2012년 8월, 단체 카톡을 활용, 사람들과 함께 다이어트를 시작하셨다. 인클렌징, 내장 해독을 통해 건강과 미용, 그리고 다이어트까지 해보기로 결단하신 것이다. 그 후 1개월 동안 거의 체중의 변화가 없음에도 시스템을 믿고 독하게 진행하셨다.

첫 번째 결단은, 자동차를 버린 것부터였다. 매일 생식과 건식, 명상과 운동을 반복했다. 오랜 기간 명상을 해오셨고 약사서서 그런지 자기 관리도 잘하셨다. 영하 15도, 체감 온도 20도가 넘는 혹한에도 매일 한강변을 1시간 이상 걸어 출근하시더니 결국 15킬로그램 이상 감량에 성공하셨다.

너무 건강해지셔서 마라톤에 도전해보시라 했더니 6월 8일 10킬로미터에 도전, 10월 초 20킬로미터에 도전, 그리고 이번 10월 27일 춘천 마라톤 풀코스에 도전하신 것이다. 사람이 바뀌기까지 그렇게 오랜 세월이 걸리는 것만은 아님을 장 사장님을 통해 배웠다.

장 사장님은 지쳐 쓰러질 지경이 되셨지만, 가족들 얼굴이 떠올라 1킬로미터 이상 울고 걷다 보니 기어서라도 완주하겠다는 오기가 생기고 뛸 수 있는 힘이 생겼다고 한다. 결승점에 올 때 씩씩하게 뛰어 오셨다. 기어 오실 줄 알았는데 웬걸 당당하게 뛰어 오셨다. 감동이었다. 다이어트 15킬로그램 감량에서 마라톤 풀코스 완주까지 1년 2개월 만의 일이었다. 인간 승리였다.

  도전했다는 것, 완주했다는 것, 체력이 바닥이라는 것을 확인했다는 것, 함께했다는 것만으로도 충분한 성과였다. 도전하지 않아서 못하고, 스스로 한계를 만들기에 못할 뿐이지, 꿈과 목표를 정하고, 시스템과 전문가를 활용, 될 때까지 하면 무엇이든 가능하다는 교훈을 얻은 날이었다.

Chapter 04
기회는 늘 지금 뿐이다

01 왜 **열심히** 일하고도 부자 되기가 **힘들까?**

최근 여성들의 사회 진출이 활발해지면서 여권 신장을 외치는 목소리가 높아가고 있다. 그저 집안 살림만 잘하고 아이만 잘 키우면 된다고 여겨졌던 가정주부들의 삶에도 변화의 바람이 분 것이다.

반면 남편들의 자리는 시간이 갈수록 불안하기 그지없다. 외환위기 이후 명퇴다 강퇴다 이래저래 자리 지키기가 어려운 데다 직장을 나와도 재취업이 어려운 현실이다. 그렇다 보니 집에 와서도 제대로 된 경제권을 발휘하지 못하고 주눅 들어 살아가는 일이 허다하다. 항간에 영식님, 일식씨, 이식이, 삼식새끼 같은 서글픈 유행어까지 떠돌고 있다. 한 끼도 집에서 안먹는 남편은 영식님, 집에서 한 끼니를 먹는 남편은 일식씨, 두 끼니를 먹는 남편은 두식이, 온종일 집에만 있으며 세 끼니를 꼬박꼬박 챙겨먹는 남편은 삼식새끼라고 한단다.

참 씁쓸한 세태의 단면이다. 집에서 제대로 대접받으려면 밥 차려 달라고 아내 귀찮게 하지 말고 돈이나 많이 벌어 오라는 의미일까. 경제 능력이 없으면 남편으로도, 아버지로도 제대로 대접받지 못하는 시대에 우리는 살고 있다. 인터넷에 떠도는 '눈물 젖은 남편의 월급 봉투'에 대한 글 하나를 옮겨본다.

남편의 월급

당신에게 쥐어준 남편의 월급에는
상사에 내어준 간과 쓸개가 들어 있고
상사에 고개 숙인 머리가 들어 있고
상사에 굽실거린 허리가 들어 있고
뙤약볕에 검게 탄 얼굴이 들어 있고
더러워도 아부했던 입이 들어 있고
보고도 못 본 척한 눈이 들어 있고
자신을 욕하는 소리에도 참아야 했던 귀가 들어 있고
더러운 냄새에 마비된 코가 들어 있고
현장에 흩뿌린 피땀이 들어 있고
피로에 축 처진 어깨가 들어 있고
무거운 짐을 들어 올리던 두 팔이 들어 있고
기름때에 찌들어 시커먼 양손이 들어 있고

> 바쁜 걸음에 지친 두 다리가 들어 있으며
> 삭막한 사회에 황폐해진
> 당신 남편의 마음 또한 들어 있습니다.
> 당신의 손아귀에 쥐어져 있는 그것……
> 바로 남편입니다.
> 남편은 그것을 위해 자신의 모든 것을 기꺼이
> 내놓은 것입니다.
> 가족의 생계를 위해!

젊은 시절, 남편들이라고 꿈이 없었을까. 처자식 먹여 살리고 한 집안의 기둥이 되는 게 꿈은 아니었을 것이다. 기타리스트나 시인이 되고 싶었을 수도 있고, 축구선수가 되고 싶었던 사람도 있을 것이다. 아프리카에 가서 평생 봉사하면서 사는 걸 사명으로 생각했을 수도 있다. 하지만 그런 모든 꿈을 접고, 날마다 가슴속에서 사표를 꺼냈다 넣었다 하며 아내와 자식들을 지켜온 세상의 남편들.

그렇게 30여 년을 보내고 등 떠밀려 자리에서 물러나온 마음이 오죽할까. 어쩌면 가장으로서 한 집안을 지켜가고 있다는 책임감과 자부심이 이 사람들의 전부였을지 모른다. 그러니 이런 남편들을 생각할 때 밉고 귀찮기보다는 애틋하고 서글퍼지는 것이 인지상정일 것이다.

열심히 일하고도 부자가 되지 못하는 사람들

큰 재산은 하늘에서 내린다는 말이 있긴 하지만 열심히 일하고도 부자 되지 못하는 사람이 매우 많다. 우리네 남편들, 참으로 열심히 몇 십 년간 직장생활하며 가정을 꾸려왔다. 그럼에도 퇴직할 무렵이 되면 달랑 집 한 채 가지고 노후자금은 꿈도 꿀 수 없는 처지이거나, 아예 일찍 퇴직하여 자영업에 뛰어들거나 특별한 직업 없이 근근이 하루하루를 보내는 경우도 많다.

나 역시 맞벌이로 20년 가까이 직장생활을 했다. 그리고 14년째 네트워크비즈니스를 하고 있다. 직장생활과 이 사업의 가장 큰 차이점은 보수의 증가 법칙에 있다. 직장은 **산술급수**적으로 증가하지만 네트워크비즈니스는 **기하급수**적으로 증가한다. 우리 부부의 직장생활을 합산한 50년간의 소득보다 네트워크비즈니스 13년간의 소득이 몇 배 이상 많은 것을 보면서 그간 왜 부자가 되지 못했는지를 명확히 이해할 수 있었다. 실로 우리 부부는 늘 근검절약했고 두 사람 월급의 40% 이상을 저축을 원칙으로 삼고 살았음에도 부자와는 거리가 멀었다. 한 달 300만 원을 저축해도 1년 모으면 3600만 원, 10년 모아도 5억, 이런 방식으로는 만족할 만한 부자가 될 수는 없었.

결국 열심히 일하는 것도 중요하지만 더 중요한 것은 시스템을 활용해 복제하는 것임을 깨닫고 삶의 방식을 바꾸기로 결단하였다. 과거와 다른 방식으로 10년을 살아보니 소득이 몇 배 이상 증가한 결과가 나왔다. 만일 열심히 일했는데도 지금의 결과가 마음에 들지 않고 5년, 10년 후에도 비전이 없어 보인다면 당신도 과감히 생각의 전환을 시도해볼 필요가 있다.

부의 비밀은 기하급수 원리에 있다. 수익 시스템을 복제하고 확대하면 부는 자연스럽게 따라온다는 원리만 이해하면 누구나 부자가 될 수 있는 것이다.

부자와 가난한 사람의 차이점은?

교직을 그만두고 이 사업을 택했다고 하면 다들 이상하게 쳐다본다. 게다가 1년 반만 더 다니면 연금을 받을 수 있었는데 그냥 나왔다고 하면 신기해서 다시 한 번 쳐다본다. 하지만 나의 선택은 너무나 당연한 일이었다.

21세기 1년 반은 과거의 150년보다 더 긴 세월이라는 생각, 너무나 하고 싶은 사업을 두고 1년 반을 기다린다는 것은 보고 싶은 임을 기다리는 심정, 일각이 여삼추 같다는 생각이 들 정도로 길게만 느껴졌다. 이 사업은 블루오션이고 무궁무진한 시장이라는 사실을 그때 깨달은 것이 얼마나 다행인지 모른다.

교직에 있을 때는 보이지 않았던 부자와 가난한 사람들의 차이점이 지금은 확실히 보인다. 첫째, 부를 창출하는 시스템을 가졌느냐, 갖지 못했느냐의 문제다. 둘째, 기하급수의 원리를 이해하는가, 못 하는가의 문제다. 마지막으로 가장 중요한 것은 미래를 얼마나 멀리 볼 수 있는가의 안목이다. 가난한 사람들은 하루, 길어야 1년을 내다보며 살아간다. 중산층은 1년에서 5년 앞을 내다보며 살지만 실제 5년 후의 계획을 가진 사람은 드물다. 반면 부자들은 10년 이상을 내다본다.

내가 교직 연금을 포기하고 이 사업을 택한 이유 중 하나가 10년 후에는 매달 1,000만 원씩 나오는 소비자 멤버십과 시스템을 가질 수 있겠다는 확신과 꿈이었다. 생필품과 기하급수의 원리를 믿고 부업으로도 얼마든지 할 수 있는 사업이기에 하는 만큼 이익을 얻을 수 있다는 믿음이 있었다.

지금은 만나는 사람마다 이렇게 말한다.

"보험 대신 네트워크 사업을 했어야 했는데……."

"학원 대신 네트워크 사업을 했더라면……."

"식당에 쏟았던 노력을 네트워크 사업에 쏟았더라면……."

문제는 이런 이야기를 하면서도 바로 실천하지는 않는다는 것이다. 이 사업은 누구나 도전할 수 있지만, 하루라도 젊고 열정적일 때 시작하는 사람들이 크게 성공할 확률이 높다.

　현재가 마음에 들지 않는다는 것은 다른 길을 찾을 용기를 내야 한다는 신호다. 가만히 앉아 파란 신호등이 켜지기를 기다려서는 안 된다.

02 한 달 200만 원도 못 버는 변호사들도 있다

　변호사, 회계사, 변리사 등을 흔히 고소득 전문직이라고 한다. 어려운 국가고시를 쳐서 직업을 가진 만큼 높은 소득을 올린다고 알려져 있다. 그런데 최근 국가에서 발표한 국감자료에 의하면, 우리나라 고소득 전문직 7명 가운데 1명은 연 매출이 2,400만 원에도 못 미친다고 한다.

　2012년 통계를 기준으로 고소득 전문 직종 사업자 25,572명 가운데 14.8%인 3,782명은 연 매출액이 2,400만 원 미만으로 나타났다. 이 중에 변호사는 13.9%, 회계사는 8.1%, 세무사는 7.0%, 관세사는 8.3%, 건축사는 26.9%, 변리사는 9.1%, 법무사는 11.8%, 감정평가사는 24.4%였다.

　매출이 2,400만 원이 안 된다는 것은 무엇을 뜻하는가? 월평균 수입

금액이 200만 원도 안 되는 데다 사무실 임대료와 인건비 등 각종 비용을 제외할 경우 실소득이 상대적 빈곤층 기준소득인 월 146만 원에도 못 미친다는 의미다.

어찌 보면 안타까운 일이기도 하다. 불과 20년 전만 해도 이들은 우리나라에서 최고 소득을 올리는 계층이었다. 시험에만 통과하면 무조건 상류층으로 진입하니, 경쟁도 치열했다. 하지만 세상은 이만큼이나 변했다. 학벌이 없어서, 자본이 없어서 힘들어하던 사람들이 오히려 사업에서 성공하는가 하면, 고학력자들이 오히려 가난한 삶으로 미끄러지기도 하는 세상인 것이다. 이게 혁명기, 세상이 바뀔 때 가장 많은 기회가 있는 이유이다.

왕년이 밥 먹여주나

왕년에 잘나간 것은 아무 소용이 없다. 어느 시절에 또 어떤 바람이 불어와 사회 계층을 흔들어 놓을지 아무도 모르는 세상이다. 오늘 하루 안락하다고 해서 안심해도 안 되고, 오늘 가난하다고 해서 내일도 가난하리라 생각할 필요도 없다.

이제 노후를 기약하는 최고의 준비는 안정적인 시스템으로 평생 수입을 얻을 수 있는 사업을 만나고, 실행하고, 이루는 것뿐이다.

내 나이 마흔에 얻은 깨달음도 이것이었다. 마흔이 넘으면 모두가 제로에서 시작하는 것이라고 생각하고, 두려움 없이 달려보자는 마음이었다. 화려한 왕년도 없고, 따라서 밑져야 본전이니 거침없이 나아가고 싶었다. 노력하면 삶을 바꿀 수 있다는 믿음, 만일 그것이 없었다면 지금 나의 삶은 어땠을까? 지금 서 있는 자리가 형편없지만 어차피 40년 혹은 그 이상의 삶이 남아 있으니 여생이 아닌 제 2의 인생, 새로운 인생이라는 생각으로 시작했다.

지금도 크게 다르지 않겠지만, 내가 대학 갈 시절에는 대학에 들어가려면 공부를 잘하는 것만으로는 부족했다. 최소한 공부는 기본이고 학비 걱정을 하지 않아도 될 만큼 집안 형편이 좋아야 했다. 동생들이 줄줄이 달린 맏딸이라면 아무리 공부를 잘해도 소용없었다. 그런 집안의 첫째는 어쨌든 빨리 학교를 졸업해서 부모님을 돕고, 나머지 동생들의 뒷바라지를 하는 것이 도리였다. 그뿐이 아니다. 비단 집안 환경 때문이 아니더라도 '여자가 많이 배우면 남자를 얕잡아봐서 시집가기 어렵다' 는 이유로 대학 진학을 포기하는 친구들도 적지 않았다.

요즘은 많은 것이 달라졌다. 남자든 여자든 '대졸' 이력은 기본처럼 이야기한다. 거기에 석사학위는 필수요, 유학은 선택이며, 토익 토플 점수로 스펙을 쌓은 고학력자가 해마다 몇 만 명씩 배출된다. 그들과 경쟁해서 살아남으려면 어떻게든 앞줄에 서야 하고, 남들보다 눈에 띄어야만 한다.

그런데 나의 현실은 그렇게 녹록하지 않았다. 거울 속의 내 모습은 40대의 영락없는 아줌마였다. 주변을 돌아보니 세상은 너무 달라져 있었다. 컴퓨터 잘 다루고, 정보 빠르고, 젊고 건강한 어린 친구들이 많아도 정말 많았다. 십중팔구는 엄친아, 엄친딸이었고, 다들 매우 똑똑하고 예뻤다. 주눅이 들 수밖에 없었고, 대체 이 나이에 어떻게 인생을 바꾸겠다는 말인가, 잠시나마 미래를 고민했다는 사실조차 사치로 느껴질 정도였다.

이대로 살아도 될까?

'이대로 살아도 될까?'
'잘 사는 건 뭘까?'

뾰족한 대안도 없으면서 시작도 끝도 없이 찾아드는 상념들. 어떻게 달려왔는지도 모를 15년의 직장생활 동안 타성에 젖은 직장인으로 전락해버린 나의 모습. 생기 잃은 눈, 더 이상 가슴 떨림도 호기심도 사라진 지 오래고 일에 대한 열정과 사람들에 대한 관심도 없는 상태. 젊은 시절, 저 정도면 그만두어야 된다고 생각했던 그 모습으로 변해 있었다.

　새로운 목표가 생긴 것도, 도저히 견디지 못할 만한 결정적인 사건이 있었던 것도 아니었다. 이유는 어찌 보면 사치스러웠다. 꿈도, 열정도, 미래도 없이 덤덤하게 살아가는 삶을 견딜 수 없었으니까. 그 어디에도 '희망'이 없다는 것이 나를 힘들게 했다.

　'이렇게 1년을 살든, 10년을 살든 무엇이 달라질까!'

　바쁘게 돈 벌어 애들 학교 보내고, 시집장가 보내고, 시간에 떠밀려 정년퇴직을 하고, 애들 뒷바라지하느라 노후 준비를 제대로 못했으니 노후 생활 또한 연금에 의존, 연명하는 삶을 살아갈 거고……. 눈앞에 펼쳐진 미래는 불을 보듯 뻔했다. 현재가 변화하지 않는 한, 미래 또한 변할 리 없었다. 한 번뿐인 삶인데 정형화된 삶, 오로지 나와 내 가족을 위해 좁은 공간에서 일만 하다 가는 삶은 견디기 힘들었다.

　대통령이 바뀌고, 국회의원이 바뀌고, 지자체 의원이 바뀔 때마다 그들은 하나같이 국민 복지와 고용안정에 대한 공약을 내놓는다. 만일 그들의 말이 현실로 이루어졌더라면 이 나라는 단박에 선진국으로 진입했을 것이다. 그러나 현실은 그렇지 않다. 공약은 그냥 공약일 뿐 우리 주변의 환경은 언제나 제자리 걸음이다.

　사회도 마찬가지이다. 대한민국의 기술력이 세계 유수의 기업을 넘본다고 하고, 한류 열풍이 세계를 들썩이게 하고 있다. 하지만 그런

글로벌한 발전이 내 개인적 삶에도 도움이 되고 있을까? 정말로 내 삶도 우리나라의 위상만큼이나 나아졌을까?

아마 이 질문에 그렇다고 대답할 사람은 많지 않을 듯하다. 서민들의 생활이란 사실 이런 화려한 발전의 혜택과는 동떨어져 있다. 우리 주변만 봐도 알 수 있는 사실이다. 월급은 10년 전이나 지금이나 크게 변함 없는데 돈의 가치는 자꾸 떨어진다. 주부들은 만 원 한 장 들고 나가서는 한 끼 장도 못 본다고 한탄한다. 저축이라고 해봐야 50만 원씩 10년을 부어도 전셋집 한 칸 마련하기도 힘들고, 어렵사리 모은 종잣돈은 아들 딸 결혼자금으로 써버리고……. '장수 100세 시대'가 이미 눈앞에 와 있지만 노후를 위한 대책 마련에는 속수무책이다. 과연 시원한 대안이 없을까?

여기, 바다 가운데 배 한 척이 있다. 배 밑바닥에 미세하게 금이 가 있어 언젠가는 물이 새들어와 배가 가라앉을 것 같은데 당신이 배 주인이라면 어떤 선택을 하겠는가? 지금 당장은 가라앉지 않을 테니 위험스럽지만 그대로 사용하다 물이 새어 들어오면 수리하겠다, 당장 배를 뭍으로 옮겨 수리하겠다, 어느 쪽인가? 보통 사람들 대부분의 삶이 이 깨진 배와 같을 수도 있다.

03 성공하려면 도구와 방법을 바꾸어야 한다

"열심히 일하였음에도 불구하고 결과가 마음에 들지 않으면 방법을 바꿔라."

《카피캣 마케팅》에 나오는 말이다. 이 말에 영감을 얻어 사업을 시작했고, 10년이 지나면서 참 신기한 일들을 겪었다. 많은 사람들이 나를 성공한 사람이라 부르고, 멘토로 여기고, 부자라고도 말하기 시작한 것이다.

'당신은 무슨 일을 했어도 성공할 사람' 이라는 말을 들으며, 대체 내게 무슨 일이 일어난 것일까 생각을 해보았다. 이 사업을 시작하기 전에는 전혀 들어보지 못한 이야기들을 들으며 시스템을 통한 권리 수입의 의미를 어떻게 알아차릴 수 있었는지 스스로도 놀라게 된다. 생활이 사업이라는 개념을 조금 빨리 파악했다는 아주 사소한 차이가 세월과 함께 빚어낸 결과물이 신기할 뿐이고, 모든 게 꿈처럼 여겨지기도 한다.

'열심히' 보다 중요한 것은 도구와 방법

물론 이 모든 결과는 열심히 살았기에 받은 선물일지도 모른다. 하지만 목적지에 가기 위해서는 방향이 맞아야 한다. 즉 자신이 가고 있는 방향과 목적지가 어디인지도 모른 채 무작정 열심히 뛴다고 성공할 수 있는 것은 아니다.

사업에 대한 확신이 생기자 가장 먼저 머릿속에 떠오른 것은 '천만 원의 자유'라는 목적지였다. 내가 희망하는 천만 원의 돈은 조직의 노예가 돼서 새벽부터 밤중까지 1년 365일 열심히 일해야 버는 천만 원이 아닌, 일하지 않아도 나오는 천만 원, 늙어서도 계속 나오는 천만 원이었다.

2011년 골프를 배우기 시작한 어느 새벽, 레슨을 끝낸 후 콩나물 국밥을 먹기 위해 식당에 앉는 순간, 삼일절 기념식을 중계하는 텔레비전에서 애국가가 흘러나오고 있었다. 순간, '대한 독립 만세!'를 외쳤던 유관순 열사처럼 '이혜숙 독립 만세!'를 외치고 싶은 마음이 들었다.

누구나 하는 골프를 배우기 시작하면서 뭐 그리 야단법석이냐고 할 수도 있겠지만, 나에게는 골프를 시작한다는 것이 큰 의미를 갖는다. 네트워크비즈니스를 시작한 후 8년 만에 시간과 돈, 나를 얽매는 제도와 관계로부터의 자유를 얻었다는 기념으로 골프를 나 스스로에게 선물한 것이기 때문이다. 소중한 시간 모두를 돈 버는 일에 사용해야 하는 일 위주의 무미건조한 삶 대신 이제는 일에 매달리지 않아도 돈이 나오는 시스템 소득이 있다는 생각에 과감하게 골프를 시작하기로 한 것이다.

그날, 식당에서 코치님과 식사를 하며 8년 전 사업을 시작한 때를 추억하며 이야기했다. 매달 일하지 않아도 천만 원이 나온다면 자유롭게 생활할 수 있겠다는 생각을 했었고, 네트워크비즈니스라면 가능하겠다는 확신을 가진 날이 2003년 3월 1일이었다. 그날은 퇴직 연금을 기꺼이 포기한 후 프리랜서, 자영사업자로서 '이혜숙 독립 만세'를 외친 날이었다. 그리고 정확히 8년이 지난 2011년 3월 1일 천만 원의 자유란 꿈이 이루어진 것이다.

하지만 2003년에는 지금만큼 자유롭지 못했다. 몸은 자유로웠지만 마음은 불안했다. 공무원이라는 울타리가 얼마나 든든하고 편안했는지 퇴직하고 나니 더욱 절실하게 느껴졌다. 모든 일에는 전환점이 있게 마련이다. 단지 내가 다른 사람보다 조금 빨리 길을 바꿨을 뿐이라고 스스로를 위로해보지만 엄습해오는 불안감을 떨쳐버리기

란 쉽지 않았다. 학교가 싫어서가 아니라 자영사업이 더 좋아서 나오는 것이었기에 미련과 아쉬움이 커서 하염없이 눈물이 나왔다. 공무원 신분증과 의료보험증, 그리고 서랍 열쇠를 반납하고 나오는데 눈물이 앞을 가려 운전을 할 수가 없었다.

교문 밖에 차를 세워놓고 한참을 서 있어야 했다.

'정말 내가 잘한 일일까? 오늘의 선택을 후회하지 않을 수 있을까?'

그리고 나의 선택을 후회하지 않기 위해 사업에 몰입했다. 숱한 밤을 지새우며 미친 듯이 뛰었다. 이러한 과정을 거치면서 죽도록 일해서 버는 천만 원이 아닌 인세소득 천만 원의 의미를 이해하기 시작했다.

말하자면 월급 천만 원은 열심히 일하면 벌 수도 있다. 하지만 일을 그만두는 순간 아무것도 나오지 않는다. 반면 인세소득은 어떤가? 시스템 구축에 시간이 걸리긴 하지만 일단 시스템을 구축해놓으면 평생 동안 안정적으로 돈이 나온다. 결국 같은 천만 원이라도 전자와 후자는 하늘과 땅 차이다. 열심히 하는 것도 중요하지만 어떤 천만 원을 받을 것인지를 결정하고, 그것을 얻기 위한 방법과 도구를 가지고 열심히 하는 것이 더 중요하다.

시스템과 천만 원의 자유

골프 연습을 마치고 남한산성으로 발길을 옮겼다. 홀로 걸으며 머물고 싶은 곳에 머물고, 가고 싶은 곳에 가고, 하늘도 보고 나무도 보고, 흙길도 걷고 낙엽길도 걸었다. 걷다가 스트레칭도 하고, 사진도 찍고, 노래도 듣고, 책도 보고, 글도 쓰고, 메일도 확인하고 정말로 자유를 만끽했다. 어떻게 세상이 이렇게 변했을까? 이런 산속에서 메일을 읽고 사진을 찍어 페이스북에 올리고 올리자마자 댓글이 올라오고……. 마치 나를 위한 세상같이 느껴졌다.

스트레스 받아가며 버는 2천만 원, 3천만 원이 아니라 등산하며 여행하며 골프 치며 나의 자유로운 삶을 사랑하면서 되는 사업! 내가 죽더라도 계속 나오는 지금의 천만 원의 자유가 온몸으로 느껴졌다. 외제차, 화려한 보석과 의상 같은 사치를 생각하지 않아도 되는 액수, 그저 마음껏 운동하고, 책 사 보고, 여행하고, 먹고 싶은 것 먹고, 배우고 싶은 것 배우고, 돕고 싶은 분들을 조금씩 도울 수 있다. 그리고 아끼는 지인들 경조사는 부담 없이 챙길 수 있는 자유를 주는 돈이며, 주식이나 부동산처럼 머리를 싸매고 고민할 필요가 없는 참으로 자유로운 금액. 매달 나오는 돈이니 통장을 확인할 필요도, 아껴 쓸 필요도, 저축할 필요도 없는 돈. 세상에서 가장 자유로운 돈이 연금성 소득 천만 원이라는 생각에 이르니 이 이상은 더 벌고 싶지 않다는 생각마저 들었다.

  그동안 시스템 구축을 위해 뛰어다닌 시간들이 모여 엄청난 결과를 낳았다. 내가 얼마나 엄청난 일을 해냈는지를 새삼 깨닫고 나니 내 자신이 대견하고 자랑스러웠다. 다른 사람들에게 칭찬받을 때보다 스스로 이런 생각이 드니 뭐라 표현할 수 없을 정도로 좋았다. 동시에 많은 사람들에게 이 자유로움을 만끽할 기회를 드리고 싶다는 생각이 동해를 박차고 솟아오르는 태양처럼 불끈 솟구쳤다.

04 5년 단위로 인생을 설계하라

　베이비부머 세대 중에는 1970년대를 기억하는 사람들이 많을 것 같다. 당시 우리나라의 경제는 기적이라 할 만큼 비약적으로 발전을 이루었고, 그 근간에는 5년 단위의 경제개발계획과 새마을운동이라는 국민 계몽운동이 있었다.

　1985년 결혼과 동시에 나는 '이혜숙 공화국'의 5개년 계획들을 세웠다. 5년 후에는 집 장만, 다음 5년은 아이들 육아와 교육에 집중하기, 그다음 5년 후에는 집 한 채 더 마련 등등 지금 생각하면 아주 미숙한 계획이었지만, 5년 단위로 변화하고 발전하겠다는 마음가짐으로 가계부와 일기를 쓰기 시작해 그런 기록 습관을 지금까지 유지하고 있다.

　"그 시작은 미약하지만 그 끝은 창대하리라"는 성경 말씀처럼 작은

5개년 계획들을 연이어 시행하며 가계부와 일기로 정리하고 환원시키는 습관이 지금의 나를 만들어낸 것이 아닐까 생각해본다.

네트워크비즈니스를 진행해온 지난 13년은, 그 전 40년 세월에 비해 몇 십 배나 크게 나를 성장시킬 정도로 많은 것들을 배우고 이룩한 시간이었다. 사업을 시작하며 그간 잊고 지내던 '나'를 다시 찾고, 잊었던 꿈을 되살릴 수 있었다.

나와 꿈을 되찾는 일에 꽤 많은 시간과 노력이 필요했다. 거기에다 시대의 흐름, 돈의 흐름, 결단의 타이밍, 사업 도구와 시스템, 인간관계와 팀워크, 기하급수의 원리, 인세수입의 원리, 복제 마케팅 등 배우고 익힐 것이 끝도 없이 많았다. 듣지도 보지도 못했던 새로운 세계에 적응하는 것도, 성장의 앞길에 깔려 있는 장애물을 헤쳐 나가는 것도 쉽지 않았다. 또한 반복되는 일상에 익숙해진 과거의 무미건조한 습관을 버리는 것도 만만치 않은 일이었다.

그저 일찍 일어나고, 책 읽고, 미팅 참석하고, 먼저 인사하고, 내 쇼핑몰의 제품 자랑을 맛있는 먹거리 자랑이나 좋은 영화에 대해 이야기하는 것처럼 자연스럽게 할 수 있게 되기까지만 해도 5년이란 세월이 걸렸다. 한 가지 일에서 감을 잡으려면 최소한 5년의 시간은 걸린다.

네트워크비즈니스는 5년을 열심히 공부하면 50년 이상, 평생 자유로움을 가질 수 있는 사업임을 경험했다. 반면 무슨 일을 하든지 1~2

년 만에 포기해버리면 결코 성공할 수 없다는 것도 알았다.

　세상살이가 무엇이고, 사업이 무엇이고, 돈이 무엇인지도 모르고 경험도 지식도 없이 아는 사람도 없는 타지에서 그것도 부업으로 이 사업을 시작했지만 시스템 안에서 몇 년을 움직이다 보니 시행착오를 반복하면서도 책 속 이야기들이 하나씩 현실로 나타나기 시작했다. 너무도 신기하고 재미있어서 '맞아, 맞아. 정말 교과서 그대로네' 하고 날마다 새로운 것들을 깨달으며 살다 보니 나도 모르는 사이 삶이 송두리째 바뀌어졌다.

　처음에는 애써 이해하려 했던 《부자 아빠 가난한 아빠》에 나오는 현금 흐름에 대한 이야기, 철밥통을 깨뜨리면 부자는 시간 문제, 성실보다 더 중요한 것은 도구 선택이라는 『카피캣 마케팅』의 이야기가 이젠 나의 현실이 되었다.

현재 봉급에 0 하나가 더 붙는다면?

　사업이 어느 정도 궤도에 올랐을 무렵 새벽에 인터넷뱅킹에 들어가보니 통장에 월급이 들어와 있었다. 점포도 없고, 일하는 직원이 있는 것도 아닌데, 누군가 와서 물건을 사 가고 매출이 오르고, 나도 모르는 사이에 신상품들이 전시되어 있는 것이 신기하기만 했다.

그것도 이 모든 것들이 시스템적으로 저절로 이루어진다는 것이 더 놀라웠다. 소비자들은 각자가 필요한 제품을 알아서 사 가고, 반품하고, 다른 사람들에게 알리면서 자연스럽게 시장이 형성되어 갔다. 그러면서 각자의 몫을 찾아가고, 일정한 시간이 되면 통장에 일정한 금액이 들어오는 신기한 세계가 10년이 지난 지금도 신비롭고 재미있게 느껴진다. 세월의 흐름과 함께 통장에 찍히는 0의 개수가 늘어나는 즐거움은 말로 표현하기가 어려울 정도다.

인생 드라마와 같은 일들이 내 눈앞에서 벌어지다 보니 네트워크 비즈니스의 세상은 21세기의 보물섬, 신세계라는 생각이 든다. 마흔, 쉰에 신데렐라가 될 수 있고, 또 알라딘의 요술램프 같다는 생각이 들기도 한다. 시간이 지날수록 가치가 높아지는 사업, 시간이 갈수록 흥미진진해지는 사업, 10년이 지나면 월급 통장에 0 하나가 더 찍힐 수 있는 사업이 네트워크비즈니스다.

변화가 가져다준 선물

10년 후 월급 통장에 0 하나가 더해진다는 것은 결코 허황된 꿈이 아니다. 10년 전의 삶과 지금의 삶의 방식이 얼마나 달라졌을까? 정보화 시대가 시작되면서 인터넷, 신용카드, 택배 시스템 등 이른바 정보화 혁명이 우리 삶을 완전히 뒤바꾸어 놓았다.

네트워크비즈니스도 이 같은 정보화 혁명 속에서 폭발적인 성장을 하면서 기회 중의 기회로 떠올랐다. 혹자는 네트워크비즈니스를 평범한 사람들이 부자가 될 수 있는 천 년에 한 번 올까 말까 한 기회라고까지 말하기도 하는데, 전적으로 동감한다. 누구나 쓰는 생필품을 소비자가 프로슈머가 되어 직접 유통시키고 유통 마진을 함께 나누자는 소비자 계몽운동이라고 본다. 소비자는 싸고 편리하게 사서 좋고, 사업자들 역시 좋고, 국가는 일자리 창출해서 좋고 모두가 이익인 윈윈 사업!

봉급이 많지 않아도 직업의 안정성 때문에 공무원을 택한다고 하는데, 생필품 소비자 멤버십을 기반으로 한 네트워크비즈니스는 오히려 공무원보다 더 안정적이라고 말할 수 있다.

네트워크비즈니스의 기하급수적 복제 원리가 적용되니 사업 전에 받던 월급에 0 하나가 더 붙어 온다. 200만 원 월급이 2,000만 원이 되고, 300만 원 월급이 3,000만 원이 되어 통장에 찍히는 일이 현실이 될 수 있음은 시대와 시스템이 준 선물이다. 결코 나의 능력이 아니라, 시대가 영웅을 만들듯 부자 역시 마찬가지다.

05 꿈을 간직하면 반드시 이루어진다

한 번은 아들하고 딸을 앞에 앉혀놓고 이런 고백을 하였다.

"엄마가 지금 너무 큰 병이 들어 고칠 수가 없는데 어떻게 하면 좋을까? 이제 다시는 과거 생활로 돌아갈 수 없는 병, 꿈 없이는 살 수 없는 병이 생겼어."

그 말에 아이들은 조용해졌다. 그런 아이들에게 나는 더 솔직히 말했다.

"그리고 엄마는 너희들이 꿈 없이 사는 모습을 보는 것이 힘들어. 엄마를 이해할 수 있겠어? 거짓말이어도 좋으니 너희들도 꿈이 있다는 이야기, 계속 꿈을 버리지 않고 살겠다는 이야기를 들었으면 좋겠어. 엄마처럼 꿈을 이야기하는 사람들이 많지 않아서 너무 외롭거든."

아이들에게 이 말을 하는 내 마음은 그랬다. 인생에서 가장 중요한 일은 꿈을 갖는 것임을 이야기해주고 싶었다. 진심을 다해 말한 덕분인지, 아이들도 엄마의 마음을 이해한다며 노력해보겠다고 한다.

꿈 없이 살아가는 삶도 힘들지만, 꿈 없이 살아가는 사람들을 보아야 하는 건 더욱 힘든 일이다. 열정과 용기가 있는 사람, 꿈을 이루기 위해 달리고 뛰는 사람들이 많았으면 하는 바람이다. 내 아이들이 그랬으면 좋겠고, 동생들과 가족들, 사업 파트너들이 그랬으면 좋겠고, 친구들이 그랬으면 좋겠다.

꿈이 습관으로 자리 잡기까지

사업 초기에 가장 어려웠던 일 중에 하나가 '꿈' 이라는 단어를 받아들이는 것이었다. 이 사업을 하는 사람들이 한결같이 꿈을 이야기하는데, 꿈이라는 말을 입 밖에 내는 것조차 어색했다. 꿈은 남이 줄 수 있는 것도 아니고 남의 꿈을 복사해서 사용할 수 있는 것도 아니라 스스로 꾸어야 하는데 쉽질 않았다. 게다가 아직 돈 한 푼 못 벌고 있는데 누군가 나를 '사장님' 이라 부르면 부끄럽기만 했다.

하지만 쓰디쓴 커피도 한 잔 두 잔, 하루 이틀 마시다 보면 조금씩 익숙해지고 나중에는 그 향과 맛을 즐기는 마니아가 되는 것처럼 이제는 꿈이라는 단어는 가장 편한 친구가 되었고 꿈 없이는 하루도 살 수 없는, 꿈이 존재의 의미가 되어버렸다.

참으로 신기한 일이다. 내 안에 꿈이란 게 있는지조차 몰랐던 사람이 꿈 없이는 살 수 없는 사람이 되었다는 것 자체가 꿈같은 일이다. 이런 걸 신화라 하고, 기적이라고 하는 건지도 모르겠다.

꿈이 있기 때문에 시스템 안에 머무르며 좌충우돌 헤매면서 꿈을 향해 가다 보니 하나씩 하나씩 꿈이 이루어진다. 그러다 보니 서서히 주위 사람들이 눈에 들어오기 시작했다. 많은 사람들이 꿈과 목표 없이 살아가고 있다는 것을 알게 되었다. 꿈과 목표 없이 사는 삶이 얼마나 힘든지를 알기 때문에 그런 사람들에게 꿈이 갖는 의미와 힘을 알려주고 싶었지만, 대부분은 귀를 닫아버린다.

한번 인간답게 살아보자고, 우리도 자유라는 것을 만끽해보자고, 칼날이 아닌 칼자루를 잡고 당당하게 한번 살아보자고 참으로 목이 터져라 외쳤다. 그럼에도 동네 불구경하듯 "그건 아무나 하는 일이 아니다", "나는 못한다"고 한다. 작은 말뚝에 매여 있는 덩치 큰 코끼리처럼 꿈 없는 삶에 순응하는 사람들을 참으로 많이 보았다.

하지만 꿈을 전달하는 일을 결코 포기하지는 않을 것이다. 사람들이 외면할지라도 이것이 부자의 길로 들어가는 누구나 겪는 변화의 과정임을 알기 때문이다. 그리고 이런 작은 어려움들을 이겨내지 못하면 주변의 소중한 사람들이 더 큰 고통을 계속 겪어야 함을 알기 때문이다.

돈이 세상의 전부가 아니라고?

물론 돈이 세상의 전부는 아니고, 돈 버는 일만이 가장 가치 있는 일은 아닐 수 있다. 실제로 가족, 건강, 우정, 사랑 또는 영혼보다 돈을 더 좋아하는 사람은 없을 것이다. 이런 가치들보다 돈을 더 중시하는 사람이 있다면 참으로 불행한 사람이라고 본다.

요즘 나는 조화로운 삶을 고민한다. 20년 전 직장생활을 하며 우유꼭지 대신 엄마 젖을 찾아 헤매는 아이를 두고 직장에 나가 화장실에서 젖을 짜야 했던 아픔이 생각난다. 아이에게 세상에서 최고를 먹이고 싶고, 아이와 늘 함께하고 싶었는데 일을 위해 아이를 떼어두고 나가야 했다. 아이들이 어릴 때 가질 수 있는 소풍의 추억은 다시는 돌이킬 수 없는데, 그때조차 함께해주지 못했다. 돈은 인간다운 삶을 살기 위한 하나의 수단일 뿐인데, 가장 중요한 유년시절을 함께해주지 못한 채 살아가는 삶이 참 서글펐다. 일과 돈, 가족, 건강, 친구, 영혼, 이 모두를 충족시킬 수는 없을까 고민도 많이 했다.

네트워크비즈니스를 해오면서 그때 고민했던 균형 잡히고 조화로운 삶을 살 수 있는 도구가 이 사업이라는 확신이 든다. 건강은 건강 강의를 들으며 긍정적인 생각과 균형 잡힌 영양소를 섭취하면서 멤버십 속에서 걷고 뛰다 보니 관리가 되고, 돈은 세상의 흐름과 지식과 정보를 알 수 있기에 자동으로 따라오고, 친구들 역시 꿈과 열정, 열린 사고를 가진 사람들을 찾다 보니 자연스럽게 다양한 성공 동아리가 형성되었다. 가족은 자영업으로 시간에 얽매이지 않으니 챙길 수 있다.

물론 이 모두를 가능하게 할 수 있는 바탕은 시대의 흐름과 시스템이다. 만일 네트워크비즈니스를 만나지 않았다면 10년 전, 20년 전 모습과 크게 다르지 않게 비슷한 고민을 하며 살고 있을 것이다.

당신도 나와 크게 다를 바 없을 것이다. 당신의 균형 있고 조화로운 삶을 위해 네트워크비즈니스를 권하고 싶다. 준비된 시스템을 활용하여 자신의 보폭에 맞게 한 발 한 발 나가다 보면 자연스레 성공의 길에 들어서는 것이 이 사업이다. 지금 당장은 버겁게 느껴지더라도 당신 자신을 믿고 나아가기만 하면 된다. 너무 더디게 가면 지쳐서 계속 갈 수 없고, 너무 빨리 가다 보면 힘들어서 또 오래 가지 못하니, 당신이 가진 역량의 120% 정도에 목표를 두고 차근차근 하다 보면 새로운 당신이 태어난다. 그리고 머지 않은 시일에 원하는 삶을 살 수 있게 될 것이다.

이 사업은 당신의 역량을 진 빨듯이 뽑아내서 키워가는 사업이 아니다. 시스템이라는 지렛대를 활용해 소비자 멤버십을 구축하는 사업이다. 앞으로 5년, 당신의 미래가 달라지는 시간이라고 생각해보라. 나와 당신이 윈윈(win-win)하는 게임을 하며 함께 전진하다 보면 집단의 성공, 우리 모두가 백만장자, 참 자유인이 될 수 있다.

> **tip**
>
> ### 네트워크 사업을 너무나 사랑하는 사람, 싫어하는 사람
>
> 네트워크 사업을 하며 정말 많은 사람들을 만난다.
> 만나 이야기를 나누고 사업을 함께 해나간다.
> 얼굴 모습만큼이나 네트워크 사업에 대한 생각도 다양하다.
> 어떤 사람들은 꿈을 이뤄줄 수 있는 기회이니 목숨 걸고 한번 해보겠다며, 나를 멘토라고 하며 무조건 따르겠다고 하고, 나처럼 다시 태어나도 이 사업을 하고 싶고 세상에서 가장 행복한 사업, 평생 사업, 가업으로 물려주고 싶은 사업이라고 말한다. 하지만 어떤 사람들은 집안 망신시키는 사업, 이혼하고 싶을 정도로 혐오스럽게 생각하기도 한다.
> 많은 사람들을 보며 여섯 장님과 코끼리 이야기가 생각난다.
>
> 여섯 명의 장님들이 있었습니다. 그들은 육지에서 가장 큰 동물이 코끼리라는 걸 알고 있었지만, 한 번도 본 적은 없었습니다.
> 어느 날 어떤 소년이 코끼리 한 마리를 몰고 가다가 우연히 그들 앞을

지나가게 되었습니다.

 소년은 여섯 명이 모두 장님인 것을 보고, 그들에게 주의를 주었습니다.

 "조심하세요! 코끼리가 당신들 앞에 가까이 있어요!"

 그들은 이 얘기를 듣고 매우 반가웠습니다.

 그들은 소년에게 말했습니다.

 "우리가 코끼리 근처에 있게 된 건 처음이란다. 우린 오랫동안 코끼리를 보고 싶어했어. 물론 우린 눈으로 볼 순 없지만 네 코끼리를 만지고 코끼리가 어떤 종류의 동물인지를 배울 수는 있지."

 첫 번째 장님이 손을 더듬어 코끼리 옆을 만지게 되었습니다.

 그러고 나서 그는 이렇게 말했습니다.

 "이제 난 코끼리에 대해 모두 알아. 이건 마치 벽 같아."

 두 번째 사람은 코끼리의 이빨을 만지게 되었습니다.

 그러고 나서 그는 말했습니다.

 "넌 틀렸어. 코끼리는 전혀 벽 같지 않고 창과 같이 날카롭다."

 세 번째 사람은 우연히 코끼리의 코를 잡게 되었습니다.

 "당신들 둘 다 틀렸어." 그는 말했습니다.

 "확신하건대, 코끼리는 뱀과 같아."

 네 번째 사람은 팔을 뻗어 코끼리의 다리들 중 하나를 느껴보았습니다.

 "오, 이 장님들아!" 그는 말했습니다.

> "이것이 나무같이 둥글고 높다는 걸 알 수가 없단 말이냐?"
>
> 다섯 번째는 매우 키가 큰 사람이었고, 그는 코끼리의 귀를 잡게 되었습니다.
> "이 짐승은 당신들이 이름붙인 그 어떤 것들과도 같지 않다."
> 그는 말했습니다. "이건 커다란 부채 같아."
>
> 여섯 번째 장님은 우연히 코끼리의 꼬리를 붙들었는데 그는 이렇게 울부짖었습니다.
> "오, 어리석은 사람들아! 당신들은 감각을 잃어버렸을 거야. 당신들이 좀 더 판단력이 있었다면, 당신들은 이것이 밧줄 같다는 걸 알 수 있을 거야."
>
> 그러고 나서 코끼리는 움직여 갔습니다.
> 여섯 명의 장님들은 하루 종일 길가에 앉아서 자기 혼자만 옳고 나머지들은 모두 틀렸다는 자기 의견을 바꾸려고 하지 않았습니다.
> 그들 각각은 다른 이들이 자기에게 동의하지 않았기 때문에 다른 이들을 한심한 이름으로 불렀습니다.

이 이야기는 미국의 시인 고드프리 색스가 지어낸 이야기이다.

그들의 주장은 부분적으로는 옳을 지 몰라도 전체적으로 보면 분명 틀린 것이다. 그럼에도 그들은 코끼리에 관해 알 만큼 다 알았다고 생각하며 자신들의 입장을 고수하고 있다.

바로 일상에서 우리들의 모습이 아닐까?

Chapter 05

됐고, 한마디로 성공 비결이 뭐야?

01 성공의 기준은!

대체 '성공'이란 무엇이기에 다들 그토록 성공하고 싶어할까?

국어사전을 살펴보면 성공의 정의는 아주 간단하다. 바로 "목적하는 바를 이루다"가 설명의 전부다. '성공'이라는 말을 들으면, 왠지 크고 대단한 일일 것이라고 여기게 되는데 너무 간단해 오히려 맥이 풀릴 수 있다. 목적하는 바를 이루는 게 성공이라면 우리는 하루에도 얼마나 많은 성공을 거듭하고 있는가?

아침 출근길, 아슬아슬하게 닫히는 지하철 문 사이를 간신히 통과하며 회사에 지각하지 않은 것도 성공이다. 결혼 후 처음 맞이하는 남편의 생일에 맛있는 미역국을 끓여낸 새댁도 성공한 것이다. 기말고사 시험에서 목표한 성적을 받은 학생도, 풍작을 이룬 농부도 모두 성공을 한 것이다. 그런데, 문제는 그들이 이러한 업적을 '성공'이라고 생각하지 않는다는 데 있다.

그들이 이러한 성취들을 성공이라 여기지 않는 이유는 간단하다. 애초에 그것이 목표가 아니었기 때문이다. 결국 성공이란 간절한 목표에서 시작된다고 할 수 있다. 결과가 아무리 좋아도 그것이 자신이 추구하는 목표가 아니라면 그것을 성공으로 여기지 않는 것이다.

반대로 어떤 사람에게는 사소한 성공이 어떤 사람에게는 큰 성공이 될 수도 있다. 자신이 간절히 원하는 목표를 이루면 성취감이 커지니, 그 사람은 결국 성공한 것이다.

일반적으로 백만장자를 부러워하고 그들을 성공했다고 말들 하지만, 정작 그의 목표가 '자신의 손으로 통나무집 짓기'라면 그는 스스로를 성공한 사람으로 여기지 않을 것이다. 카레이서가 되고 싶은 사람에게 대기업 임원의 자리가 '성공'의 만족감을 줄 수 있을까? 배고픈 거지에게는 수십 톤의 다이아몬드도 한 그릇의 따뜻한 밥만 못하다. 즉 사람은 자신이 간절히 원하는 것을 이루었을 때, 비로소 성공의 기쁨을 느끼게 되는 것이다.

목표는 진화한다

성공의 기준은 사람마다 다르다. 나는 간절히 원하던 시간과 경제적 자유를 얻었으니 분명 성공한 사람이라고 할 수 있다. 그런데 지금은 나의 목표를 거기서 한 걸음 나아간 '균형 잡힌 삶'으로 자연스레 바뀌어진다. 가족, 건강, 일에서 균형과 조화를 이루며 '더불어 사는 삶'으로 진화하고 있다는 말이다.

어느 한쪽으로 치우치면 크건 작건 문제가 발생한다. 일에만 몰두하다 보면 가정과 건강에 소홀할 수 있고, 자신의 감정에만 충실하다 보면 본의 아니게 다른 사람에게 상처를 줄 수도 있다.

얼마 전 친구들과 두서없이 사는 얘기를 나눈 적이 있다. 50대 여자들의 삶이 대개 그러하듯 남편 얘기, 아이들 얘기, 건강 얘기가 주를 이루었다. 사회적으로나 경제적으로나 부족함이 없음에도 별로 활기차지는 않았다. 이야기가 한창 무르익어가자 어느덧 시선이 내게로 쏠렸다.

"그런데 너는 어떻게 그렇게 에너지가 넘치니? 동에 번쩍 서에 번쩍, 신바람이 나서 다니니 말이야."

옆에 있던 친구도 한마디 거들었다.

"혜숙이는 돈 많이 벌어서 보약 지어 먹나 보다. 혈색 좋은 것 좀 봐."

그만 웃음이 났다.

"그래, 보약 지어 먹은 덕에 펄펄 난다."

"요즘 기운 없어 죽겠는데 나도 한 재 지어 먹어야겠다. 넌 어디서 지었어? 용한 데 있어?"

다들 내가 진짜 보약이라도 먹은 것이라 생각하는 듯했다. 나는 일부러 짓궂게 말했다.

"엄청 용한 보약이긴 하지. '감사탕', '웃음환', 그리고 '이해효소' 뭐 그런 거. 이혜숙표 명약이지."

"뭐?"

어이없다는 웃음이 터져 나왔다.

"난 또……. 용한 한의원이라도 소개해줄지 알았는데 딴소리하기는!"

나도 같이 한바탕 웃고 나서 말을 이어갔다.

"지긋지긋하게 살든, 배꼽 빠지게 웃으며 살든, 어차피 오늘 하루를 사는 거 아냐? 대개 마지못해 하루를 살아간다고 하지만, 나는 하루하루가 너무 행복해. 다른 사람이 '휴, 오늘도 하루를 살아냈구나!' 하고 안도의 한숨을 쉴 때, 난 '아, 왜 이렇게 하루가 짧은 거야! 아쉽지만 내일이 또 있잖아. 내일은 또 어떤 일이 벌어질까? 설레면서 하루를 정리해. 그 차이야. 이렇게 사는 게 행복한데 보약이 무슨 필요야."

"어머머, 쟤 지금 성공했다고 자랑하는 거지?"

친구들 사이로 웃음 섞인 질투가 흘러나왔다.

"성공은 무슨, 아직 멀었어."

"돈도 많이 벌어놨겠다, 애들 다 키워놨겠다, 남편 건강하겠다……. 그 정도면 성공한 거지, 뭘? 욕심이 너무 많은 거 아냐?"

나는 고개를 저었다.

"그런 건 욕심이 아니라 목표라고 하는 거야. 요즘 균형된 삶, 조화로운 삶이 어떤 걸까? 그런 생각이 들어. 여지껏 살림하고 돈 벌며 살았던 삶에서 이젠 공부를 해보고 싶어. 인문학과 철학, 역사에 대해 배우고 싶고, 꾸준히 글쓰기 공부도 해서 시집이랑 에세이도 내고 싶어. 다른 사람들에게 동기부여를 줄 수 있는 강의와 글을 써보고 싶어. 그래서 더 많은 사람들이 원하는 삶을 살 수 있도록 돕고 싶어. 그렇게 하려면 건강해야 하니까 운동도 열심히 하는 거고. 이제부터 진짜 인생 시작이라는 생각이 들어. 너희는 인생의 목표가 뭐니?"

갑자기 주변이 조용해졌다. 다들 생각에 잠긴 건지, 선뜻 입을 여는 사람이 없었다. 잠깐의 침묵 끝에 한 친구가 입을 열었다.

"그냥 하루하루 살았지, 목표나 뭐 그런 걸 가져본 적이 없어서 잘 모르겠다."

그 말에 나는 고개를 끄덕였다.

"그렇지, 바쁘게 살다 보면 그럴 수 있어. 하지만 목표 없이 무작정 가면 어디가 끝인지, 얼마나 더 가야 하는지 모르잖아. 그러니까 더 힘들고 지치고……. 다른 사람의 성공을 부러워하기 전에 자신의 목표가 무엇인지부터 한번 생각해봐. 목표가 명확해지면 성공으로 가는 길도 보일 거야."

그 말에 친구들도 밝게 웃어주었다.

"네가 성공할 수밖에 없는 이유를 알겠다. 멋지다!"

쑥스러웠지만, 친구들에게 하고 싶었던 말을 하고 나니 속이 후련했다. 또한 친구들이 자기 목표를 찾고 성공의 길로 접어들기를 바라는 마음도 간절해졌다.

성공의 기준 마련하기

여기서 하고 싶은 말은 어쩌면 아주 단순하면서도 당연한 것일 수 있다. 성공하고 싶다면, 가장 먼저 목표를 세우고, 성공의 기준을 마련하라는 것이다.

'부자로 사는 것' 이 목표라면, 어떻게 벌어 어떻게 쓸 것인지 기준이 있어야 한다. 언제까지 얼마를 어떤 방법으로 벌 것인지, 왜 벌려고 하는지, 각각의 기준에 따라 부자가 되는 목표도 조금씩 달라지고, 부자에 이르는 과정도 달라진다. 따라서 성공하고 싶다면 당신의 열정을 북돋울 수 있는 건강한 목표를 명확하게 설정하고, 당신 스스로 목표를 어느 정도 달성했는지 알 수 있도록 판단 기준을 마련하는 것이 중요하다.

02 반드시 대가는 지불해야 한다

동일한 가치를 갖는 두 상품을 맞바꾼다는 '등가 교환의 법칙'이 있다. 원하는 것을 얻으려면 그 가치에 상응한 노력이 뒤따라야 한다는 말로도 해석할 수 있을 것이다.

예를 들어 학교에서 좋은 성적을 내고 싶다면, 친구들과 어울리거나 오락이나 TV 시청 등 학업 외적인 것에 투자한 시간을 절약하여 학업에 많은 시간을 투자해야 한다. 직장에서 승진을 하고 싶다면 다른 사람들이 잡담을 하거나 개인적 업무로 시간을 허비할 때 업무에 몰입하여 성과를 내고 퇴근 후 2차, 3차 회식으로 낭비하는 시간을 자기계발을 위해 투자해야 한다. 베스트셀러 작가가 되고 싶다면, 매일 꾸준히 글을 읽고 쓰고 나머지 시간에는 자료 수집과 다양한 경험을 쌓아야 한다.

이처럼 원하는 것이 클수록 그것과 맞바꿔야 할 대가도 커진다. 희생 없는 성공은 없는 셈이다. 그러나 다들 성공하고 싶다고 하면서도 성공의 가치에 버금가는 무언가를 희생하려고 하는 사람은 드물다. 대부분이 적게 희생하고 큰 성공을 거두기를 바란다. 그들은 "내일의 성공을 위해 오늘의 행복을 포기하라는 것인가? 나에게는 오늘의 행복이 더 중요하다"고 말한다.

오늘의 행복을 선택할 것인지 내일의 성공을 선택할 것인지는 당신의 몫이다. 어떤 사람들은 오늘 하루의 행복만으로도 즐겁게 살아간다. 오늘을 마음껏 즐기면서 미래의 성공을 꿈꾸거나 남들의 더 큰 성공을 부러워하는 것은 모순이다. 또 어떤 사람들은 이렇게 말한다.

"운이 좋거나 요령이 좋으면 적은 희생으로도 큰 성공을 거둘 수 있는 것 아닌가?"

맞다. 그럴 수도 있다. 하지만 그럴 확률은 거의 없다. 예외적 현상이라 할 수 있을 것이다. 성공자의 대열에 들어선 사람들이 존경받는 것은 그들이 이룩한 성공의 이면에 감춰진 희생의 가치 때문일 수도 있다. 성공한 사람들에게 '등가 교환의 법칙'은 거의 예외 없이 적용된다. 심지어 운이 좋아 성공한 것처럼 보이는 사람들도 자세히 들여다보면 그가 '좋은 운'을 만들기 위해 얼마나 노력하였는지를 알 수 있다.

그렇다. 세상에 공짜는 없다. 저절로 이루어지는 일은 절대 없다. 겉으로 보기에 저절로 이루어진 것처럼 보일 뿐이지, 보이지 않는 에너지가 분명히 작용한 것이다. 정직한 희생을 감수하지 않고 성공을 꿈꾸는 것은 애초부터 가당치 않은 것이다.

희생의 값어치

나 역시 돈과 시간의 자유를 얻기 위해 몇 가지 희생을 감수해야 했다. 우선 교직원 연금을 포기했다. 더 큰 것을 위해, 당시 내 삶에서는 매우 지대한 부분을 희생했다. 만일 연금을 받겠다고 전전긍긍했다면 내면의 갈등 때문에 사업에 몰두하기도 어려웠을 테고, 지금의 성공과도 멀어졌을 것이다.

가정에서 아내로서, 엄마로서 행복을 느끼게 하는 역할의 일부를 포기했다. 가족들이 그 희생을 함께 감수해주었다. 남편은 아침밥을 차려주는 아내를 포기한 대신 자기 삶을 열정적으로 살아가는 아내를 얻었다. 아이들은 알뜰살뜰 보살펴주는 엄마를 포기한 대신 경제적인 풍요로움을 누리게 되었다. 하나를 희생하면 다른 하나로 보상받는 일들이 반복되었고, 이러한 과정을 겪으면서 우리 가족들의 삶에도 변화가 찾아왔다.

물론 각자의 가치관에 따라 희생의 값어치를 각각 달리 평가할 수 있다. 하지만 이 순간, 우리 가족은 당시의 선택을 후회하지 않는다. 나는 남편과 아이들에게 한 약속을 지킬 수 있어 행복하다.

사업을 시작하며 남편에게는 "당신 퇴직하면 편히 쉬세요. 그동안 우리 위해 고생 많이 했잖아. 그때부터는 내가 가족 생계를 책임질게요. 매년 해외여행에 세계적인 골프장에서 골프 칠 수 있게 해주고, 당신 연금은 용돈으로 써요", 아이들에게는 "너희들이 하고 싶은 일을 할 수 있도록 든든한 후원자가 되어줄게"라고 약속했었다.

남편은 한 달전 행복한 마음으로 퇴직해 부동산 사업과 강연, 그리고 나의 사업을 도울 예정이다. 또한 자기가 하고 싶은 일과 취미생활도 즐겁게 계획하고 있으며, 아이들 역시 꿋꿋하게 자라서 대학에서, 직장에서 열심히 자기들의 삶을 개척하고 있다. 가족 모두가 만족할 만한 삶을 살면서 우리의 선택이 옳았다는 걸 새삼 확인하고 있다.

만일 그때 남편이나 아이들이 내 일을 반대하거나 아내, 엄마로서의 책임을 강요했다면 어떻게 됐을까? 나의 성공은 나 자신의 희생과 수고의 결과인 동시에, 남편과 아이들의 희생이 더해진 결과이다. 가족들의 희생은 나에게 돈으로 따지기 힘든 값어치를 갖는다.

1그램의 고통과 1톤의 행복

내가 이처럼 희생을 감수했던 이유는 지금 포기할 가치보다 앞으로 이뤄낼 성과가 더 만족스러우리라 판단했기 때문이다. 즉 1그램의 고통을 지불하고 1톤의 행복을 얻을 수 있겠다는 확신이 있었기 때문이다. 하지만 마시멜로 실험에 참가했던 꼬마들처럼 일상에 녹아 있는 마시멜로의 달콤한 유혹을 떨쳐버리는 것은 쉽지 않았다. 마시멜로 실험은 스탠퍼드 대학 연구진이 네 살배기 꼬마들을 대상으로 인간이 욕구에 따라 보일 수 있는 본능적 행동을 절제하고 통제하고 참아내는 힘이 삶 전반에 어떤 영향을 미치는지 알아보는 실험이었다.

선생님이 아이들에게 마시멜로 사탕이 한 개 든 접시와 두 개 든 접시를 보여준 다음, 지금 먹으면 한 개를 먹을 수 있지만 선생님이 돌아올 때까지 먹지 않으면 두 개를 주겠다고 약속한 뒤 방에서 나갔다. 아이들의 선택은 제각각 달랐다. 어떤 아이들은 마시멜로를 곧바로 먹어버렸고, 어떤 아이들은 참고 참다 중간에 먹었고, 어떤 아이들은 끝까지 참고 기다려 두 개를 먹었다.

놀라운 것은 이 아이들이 성장하고 난 뒤의 행보이다. 연구진들은 15년 후 십대가 된 아이들을 다시 만났고, 이들이 어떻게 각자 다른 모습으로 살고 있는지를 총괄해 1981년 그 유명한 마시멜로 연구 결과를 발표했다. 눈앞의 달콤함의 유혹을 이겨낸 아이들이 나중에 자란 뒤에도 가정이나 학교에서의 삶 전반에 있어서 훨씬 우수했고 학업 성취도도 뛰어났다는 것이다.

누구에게나 당장 먹고 싶은 마시멜로가 있다. 이것을 참는 것은 일종의 고통이다. 나에게도 다음과 같은 마시멜로가 있었다. 퇴근 후 집으로 가고 싶은데 미팅에 참석해야 하는 것. 주말만이라도 느긋하게 늦잠 자고 공상도 하고 싶은데 벌떡 일어나야 하는 것. 가끔은 게으름 피우고 싶은데 나를 채찍질해야 하는 것. 가끔 친구를 만나 수다도 떨고 싶고 영화도 보고 싶은데 바쁜 일정 때문에 미뤄야 하는 것. 떠나고 싶을 때 불쑥 혼자 여행을 떠날 수도 있지만 참아야 하는 것. 소설도 읽고 시도 읽고 관심 있는 인문학 책도 읽고 싶은데 잠시 보류해야 하는 것. 사람들의 경계심 가득한 눈빛과 달라진 태도……. 환영받지 못하는 부담스러운 인물이 되어버린 것. 아이들과 더 많은 시간을 함께 보낼 수 없다는 것. 순간순간 참기 어려운 고통들이었지만 훗날 생각하니 모두가 1그램의 고통에 불과했다.

이런 고통을 이겨내느냐 못 이겨내느냐는 분명한 선택과 실천하겠다는 의지에 달려 있다. 1그램의 고통은 '나는 잠시 뒤 마시멜로 하나를 더 먹겠다'를 선택하고, 마시멜로가 보이지 않도록 눈을 가리든가 혼자 말 이어가거나 노래하기 등 재미있는 일을 하든가 여러 가지 방법을 찾아서 실천하는 꼬마들처럼, 선택을 방해하는 달콤한 유혹을 이겨내는 것이다. 이처럼 참고 절제하는 사람에게는 일종의 '만족 지연의 법칙'이 작용한다. 달콤한 유혹을 이겨냄으로써 자기 절제와 통제력을 얻어 인생에서 성공한다는 법칙이다.

실로 나에게는 마시멜로의 유혹을 이겨낸 1그램의 고통보다 훨씬 큰 대가가 주어졌다. 마시멜로 먹기를 잠시 미룬 것, 1그램의 고통을 감내한 것이 내 사업의 '마중물'이 되었다. 정년이 되면 더 이상 일할 수 없는 양동이 나르는 일에서 해방되어, 언제든 시원하고 맛있는 물이 콸콸 쏟아져 나오는 파이프라인을 갖게 된 것이다. 이를 통해 돈과 시간의 주인이 된 것. 내 삶의 주인이 되어 하고 싶은 일을 할 수 있게 된 것. 성공한 사람으로서 아이들의 멘토가 된 것. 부모님과 함께 살 수 있게 된 것. 필요할 때 아이들에게 든든한 지원자, 후원자가 될 수 있는 것. 형제들, 조카들, 친구들에게 마음 가는 대로 베풀 수 있게 된 것. 품위 있게 사는 것. 행복하게 사는 것. 사랑하며 사는 것. 이 모두가 1톤의 행복이다.

당신에게는 무엇이 한 조각의 마시멜로인가? 마시멜로의 유혹을 떨쳐내는 1그램의 고통을 참아냄으로써 앞으로 얻게 될 1톤의 행복은 어떤 모습일까? 그 1톤의 행복을 위해 지금 1그램의 고통을 감내할 준비가 되어 있는가?

언니 돈 얼마 벌어? 내 친구 지금은 얼마나 벌어요?

"내 친구는 아는 사람도 많고, 열심히 살아온 친구이니 함께 성공해서 평생 해외여행도 함께 다니고 싶어요."

어차피 받을 피부 관리, 아는 사람에게 받으면 좋겠다는 생각에 집에서 한 시간 거리임에도 파트너 친구의 샵을 찾았다. 갈 때마다 초, 중, 고 12년을 함께 다닌 삼총사라며 착한 친구이니 부자가 되었으면 좋겠다는 이야기를 한다.

친구를 도와주는 일은 슈퍼 바꿔 써주는 일이라며 힘이 되어달라 몇 차례 이야기를 했다. 그러나 아이가 시험기간이라 못하고, 남편이 어째서 못하고, 집에 들어가면 인터넷을 열어볼 수가 없어서 못하고……. 그냥 쇼핑몰 보고 주문하면 오후에 바로 택배 올 것이니 편하게 하면 된다해도 다음에 하겠다고 미룬 지 1년이 넘었다.

12년 삼총사였던 친구 가게에서 치약, 칫솔, 세제 하나 주문해 쓰는 게 이렇게도 어려울까……?

가끔씩 묻는 그녀의 물음,

"우리 친구 지금 얼마 벌어요? 사업 잘되나요?"

세상에서 가장 슬픈 물음이다. 한없이 외로움, 공허함을 주는 물음이다.

학창시절로 돌아갈 수 없듯, 삼총사도 다시는 만들 수 없는데, 어차피 쓰는 치약, 칫솔, 샴푸, 린스 하나 바꿔 쓰는 데 1년이나 걸릴 게 뭐 있을까?

마트 가서 카트에 세제를 담을 때, 친구 얼굴이 떠오르지 않았을까……?

"우리 언니 지금 얼마 벌어요?"

언니 돈 버는 것 보고 그때부터 하겠다는 너무나 얄팍하면서도 서글픈 보통 사람들의 아픔을 보며, '힘이 없을수록 모여야 하는데……' 하는 생각이 든다. 뭉치면 힘이 된다는 것을 알려주어도 못 알아듣는다. 그저 언니의 아픔과 외로움보다는 돈 몇 푼이 더 소중한 보통 사람들을 보며 나의 고독은 병이 된다.

돈 까짓것 친구와 어떻게 바꿀 수 있을까? 언니와 돈, 어떻게 견줄 대상이 되냐구……. 언니가 돈벌고 성공하면 가족 모두가 잘 살텐데……. 국회의원 출마하면 밀어주듯 가족 중 한 명이 성공하면 서로서로 복제하면서 도움이 된다는 것을 알았으면…….

명문대 교수 다섯 명이 모여 안 되는 사업이라고 단정 지은 사업!

아버지가 명문대 교수님이셔서 남편, 동생, 그리고 제부들까지 S대를 졸업하고, 대부분 교수인 집안이다. 지식인들의 특징은, 각자 일에 바빠 무심하다는 것. 동생들을 만나도 무색할 정도로 냉랭하다.

그래서 세상은 공평하다.

무심한 사람들이 가족회의를 했다고 한다. 수학과 교수, 통계학과, 경영학과 교수들이 모여 내린 결론은 이 사업은 절대 안 되는 사업, 될 수가 없는 사업이니 관여하지 않기로 결론을 내렸다 한다.

아인슈타인까지도 이해할 수 없다 할 세계 8대 불가사의 이론을 내가 이해하고 이미 성과를 냈으니 얼마나 재미있는 사업인가. 통계학, 수학, 경영학 교수들이 모여 했던 회의 내용은 무엇이었을까?

5년, 10년, 20년 후 세상은 어떻게 변화하고, 변화된 세상을 보며 그들은 무슨 이야기를 할까?

03 변화를 두려워해야 할까?

 직장을 떠난 지 만 10년이 흐른 지금에야 18년간 직장생활을 하며 수시로 찾아왔던 권태와 우울증의 원인을 확실히 알 것 같다. 대부분 많은 사람들이 내 직장을 부러워했다. 말 그대로 철밥통처럼 보였을 것이다.

 5시면 칼퇴근이겠다, 방학이 있으니 여유롭게 즐길 수 있겠다, 정년과 연금까지 보장되겠다, 따로 실적과 매출 압박이 있는 것도 아니겠다, 언제든 꿈과 미래가 있는 아이들의 초롱초롱한 눈망울과 천진난만한 모습을 보며 생활할 수 있고, 사시사철 예쁘게 핀 교정의 꽃들과 운동장 가득 울려 퍼지던 아이들의 웃음소리, 아이들을 비추던 찬란한 햇빛, 아침이면 흘러나오던 경쾌한 음악 소리, 함께하는 분들의 인간적인 분위기와 문화 등 지금 생각해도 그립다. 정말 원했고 사랑했던 직장, 천직이라 생각하며 다녔다.

사실 아무리 눈 씻고 찾아봐도 그 직장만큼 좋은 자리도 없는데 주기적으로 찾아왔던 권태와 우울증은 무엇 때문이었을까?

아마 많은 사람들이 '공무원' 하면 '복지부동' 이라는 말을 떠올릴 것이다. 긍정적인 의미는 아니지만 내 경험으로 보면 부정할 수 없는 현실이다. 엘빈 토플러는 그의 저서 《부의 미래》에서 미국의 주요 기관이 변화하는 속도를 마일로 표현했는데 미국의 가족이 60마일, 정부 관료조직이 25마일, 학교가 10마일의 속도로 변화한다고 하였다. 철저하게 '안정' 을 추구하는 조직, 대표적인 철밥통 집단이 바로 공무원 조직임을 방증하는 수치가 아닐까 생각한다.

막연히 그럴 수도 있겠다고 생각했지만, 주변이 다 비슷비슷하다 보니 절실하게 체감하지는 못했다. 그러나 공무원 집단이라는 안정된 울타리를 벗어나 이 사업에 전념하면서 내가 얼마나 답답한 삶을 살아왔는지를 새삼 깨닫게 되었다.

한 예로, 네트워크비즈니스는 공무원들에게는 주의가 요망되는 기피해야 할 사업으로 되어 있다. 네트워크비즈니스에 대한 주의사항이 담긴 공문서가 주기적으로 내려오고 공무원 연수에서도 강조된다. 나아가 주식이나 부동산 투기를 하지 말라는 공문도 내려온다. 나와 같이 나라의 녹을 먹고 사는 남편 조직도 다를 바 없었다.

다시 말해 공무원은 부나 물질적 성공과는 거리가 먼 직종일 뿐 아니라, 넘치는 에너지나 잠재력을 돈 버는 데 쓰면 비도덕적이라는 생각마저 들었다. 10년을 앞서가는 미래 사업, 꿈과 변화가 자본인 지금의 내 사업과 비교해보면 너무나 안정적이고 보수적인 직종이었다. 계속 공무원이라는 울타리 안에 안주하였다면 내 안에 잠자고 있는 거인이 있었는지조차도 모르고 지냈을 것이다.

변화하는 환경 속에 자신을 던져야 한다

여기 시속 100마일로 달릴 수 있는 차가 있다. 그런데 자동차를 시속 10마일 미만으로 제한하여 달리라고 하면 어떨까? 10마일로밖에 달리지 못하는 자동차를 100마일로 달리라는 것도 문제지만, 100마일로 달릴 수 있는 차를 천천히 가게 하는 건 마음껏 달리고 싶은 욕망을 가진 운전자에게는 더 힘들 수 있다.

돌이켜보면 이 사업을 하기 전까지 내 안에서 항상 무언가를 갈망하는 듯한 느낌이 있었다. 물질적인 욕망만은 아닌 뭔가 알 수 없는 그 어떤 이유로 가슴 한 곳이 늘 공허했다. 공부도 마음껏 해보지 못했고, 돈도 마음껏 벌어보지 못했고, 물론 마음껏 놀아보지도, 뜨거운 사랑을 해보지도 못했다. 내가 가진 동력을 최대로 가동시켜보지 못한 게으른 삶이었다. 경주용 자동차의 웅장한 굉음이 전해주는 짜릿함이 담긴 삶이 그리웠나 보다.

알게 모르게 이런 갈망이 나의 마음을 들썩이게 했고, 나의 열정을 불태울 만한 일거리를 찾아 헤매게 하였다. 이러한 나를 주변에서 신기하게 보기도 했다. 그 정도면 괜찮은 삶인데 대체 무슨 욕심이 그리 많아 극성이냐는 것이다. 이러한 몸부림 속에서 결과적으로 한 가지 중요한 사실을 깨닫게 되었다. 안정을 추구하는 공무원의 삶과 자유로운 비상을 추구하는 내 삶의 궤도가 추구하는 속도의 차이가 너무나 크다는 점이었다. 그렇다 보니 사고를 공감할 사람이 주변에 없어 늘 혼자인 듯 느껴지고, 모든 것이 권태롭게 느껴질 수밖에 없었던 것 같다. 변화가 필요했고, 열정을 불태울 일거리가 필요했던 것이다. 그것을 찾지 못했기 때문에 선망의 직장도 나에겐 매력이 없었다.

네트워크비즈니스를 진행할수록 이 사업은 공무원, 교사, 정치인들, 그리고 세상의 모든 부모들이 앞장서서 하면 좋겠다는 생각이 든다. 주변을 둘러보면, 너무 많은 사람들이 삶의 굴레에 억눌려 있다. 꿈과 목표가 없는 사람들, 자기 통제가 어려운 사람들, 한 달에 책 한 권도 읽지 않는 사람들, 소통과 신뢰를 잃음으로써 대책 없이 붕괴되는 정치권과 핵가족들, 멘토 시스템과 상담자가 없어 방황할 수밖에 없는 수많은 사람들…….

건강한 삶을 원하면서도 건강관리, 체중조절을 할 줄도 모르는 사람들. 부자 되고 싶어하면서도 돈 버는 방법도, 관리하는 방법도 모르는 사람들. 힘들게 일하고 공부하고 집에 와도 서로 격려하고 칭찬할 줄 모르는 가족들. 도전하는 방법도, 실패하면 다시 일어나는 방법도 모르는 사람들. 그래서 미래를 꿈꾸지 못하고 현재의 어려움을 이기지 못해 목숨을 버리려고 하는 사람들.

네트워크비즈니스에서의 가장 핵심 가치는 사람을 변화시키는 교육 시스템이다. 아쉬운 소리를 하는 사업도, 물건을 파는 사업도 아니고 교육 시스템을 통해 본받고 싶고 따르고 싶은 괜찮은 나로 변화되어질 때 비로소 그 사람을 중심으로 멤버십이 만들어지는 참으로 위대한 사업이다.

그럼에도 불구하고 이 사업에 대한 국민들의 일반적 인식은 부정적이다. 오로지 돈만을 추구하는 네트워크비즈니스 회사들의 사행 심리와 일확천금을 꿈꾸는 판매원들의 허황된 심리가 융합되어 몇 차례 사회를 혼란에 빠뜨리고 많은 피해자를 양산함으로써 정통의 네트워크비즈니스가 정상적인 모습으로 뿌리 내리지 못하고 다수의 국민으로부터 외면당하는 현실이 되었다. 참으로 안타까움을 느끼며, 네트워크비즈니스가 탄탄하게 자리 잡은 미국이 부러운 마음이다.

국내에서는 피해 보지 않도록 조심하라는 방송 프로그램이나 신문 기사, 공문서가 주기적으로 네트워크비즈니스에 찬물을 끼얹는 반면 미국에서는 대통령이 직접 나서서 자국의 네트워크비즈니스를 포함한 직접 판매 종사자들에게 격려 연설을 하였다. 다음 연설문은 미국의 클린턴 대통령이 미국에서 활동하는 850만 명의 디스트리뷰터를 격려했던 연설로서 큰 화제가 된 바 있다.

> 직접 판매원들은 세계 경제운동의 주역입니다. … 여러분 개인의 성공은 경제와 나라를 튼튼히 할 뿐 아니라 다른 이들에게 기회를 제공합니다. … 직접 판매는 이미 전 세계에서 비약적인 성공을 거둔 바 있습니다. … 미국에서는 지난해 700만 명 이상이 직접 판매 업계에서 활동했으며, 매주 7만 명이 신규 판매인으로 새롭게 참가하고 있습니다. 직접 판매는 여러분들에게 새로운 기회를 제공해주며, 여러분들은 직접 판매를 통해 새로운 공동체를 만들어가고 있습니다. 직업과 인종, 신념을 초월해서 모두들 직접 판매 네트워크비즈니스의 기회를 잡으려 하고 있습니다.
> 그 중에 30만 명 이상이 65세가 넘는 노인입니다. 각종 장애인도 50만 명이 넘습니다. 또한 4분의 3은 여성입니다. 이들은 모두 가족을 부양하고 자녀를 양육하면서도 역경을 헤치면서 전진하고 있는 것입니다.
> … 여러분들은 지난 4년 동안 미국 경제를 회생시켰으며 그런 여러분들을 자랑스럽게 생각합니다. 1000만 개가 넘는 새 일자리가 창출되었

> 으며, 재정적자가 60% 삭감되었습니다. 남북전쟁 이후 처음으로 4년 연속 재정적자가 줄었습니다. 또한 7년 반 만에 가장 낮은 실업률을 기록했으며, 180만 명이 최저 연금 수혜자에서 벗어났습니다.
> 　아동복지 기금은 40% 증대했으며 지난 3년간 '스몰 비즈니스'는 계속 성장 기록을 갱신 중입니다.
> 　저는 특히 많은 자영업자가 생긴다는 사실이 자랑스럽습니다. 정부도 최대한 지원할 것이며 백악관도 모든 스몰 비즈니스 지원 방안을 강구 중입니다. 직접 판매인들에게는 더 많은 기회가 제공되어야 합니다.

　사실 가진 것도, 아는 것도 많지 않은 범인에 불과한 내가 책으로, 강의로, 인터넷으로, 소셜네트워킹 서비스(SNS)로 몸부림치며 네트워크비즈니스의 본 모습을 알린다 해도 이는 한 마리 나비의 날갯짓에 불과할 뿐이다. 하지만 만약에 한국의 대통령이 격려 연설을 하고 국가 정책으로 뒷받침한다고 하면 어떻게 될까? 수명 100세 시대를 맞아 초고령 시대로 줄달음질치는 상황에서 일자리 찾기가 어려운 취약 계층에 일자리를 제공하고 국가 경제 발전에 기여할 것이다.

　허구한 날 공문 보내고 비싼 시간과 돈을 들여 연수하면서 시대와 동떨어진 이야기를 하는 것보다 훨씬 낫지 않을까? 머지않아 이러한 바람이 이루어질 것이라 믿는다.

제대로 선택하면 충분히 가능하다

해오던 일을 그만두고 전직 또는 전업을 하려면 수없는 갈등을 이겨내야 한다. 미래에 대한 불안감, 실패에 대한 두려움, 주변의 시선 등 하나에서 열까지 의사결정을 어렵게 만든다. 주변의 반대와 염려가 심할수록 의사결정을 위한 갈등도 커지게 마련이다.

변화를 위해서는 선택을 결심할 수 있는 강한 힘이 필요하다. 충동적으로 변화를 시도해서는 안 된다. 이는 의사결정 과정에 들어가기 전에 반드시 짚고 넘어가야 할 중요한 사실이다. 내가 공무원 직을 충동적으로 버린 것은 아니다. 나름의 기준으로 오랜 기간 연구 검토를 거쳐 이 사업에 대한 비전과 명분에 공감하고, 할 수 있겠다는 확신을 가졌기 때문에 과감히 결심을 하였던 것이다.

인생은 연속되는 선택이 만들어낸 결과물이라고 한다. 인생을 되돌릴 수 없듯이 무엇이건 일단 선택하면 되돌리기 어렵다. 따라서 어떤 사업을 시작하려면 그에 대한 진짜 정보와 가짜 정보를 선별하여, 성공 가능성과 내재된 위험을 타진하는 능력이 필수적이라고 할 수 있다. 다시 말해 새로운 변화를 원한다면 변화 이전에 반드시 사전 준비를 해야 한다. 그 중 올바른 기준으로 합당한 대상을 고르는 안목을 키우는 일은 절대적이라 할 수 있다.

나는 이 사업을 시작하기 전에 가장 훌륭한 시스템을 갖춘 회사를 찾는 데 공을 들였다. 첫째, 자본이 넉넉한 회사인가, 둘째, 다양하고 질 높은 아이템을 갖추고 있는가, 셋째, 보상 플랜은 합리적인가, 넷째, 경영자의 마인드는 도덕적인가, 다섯째, 교육 시스템을 갖추고 있는가……. 사실 이러한 까다로운 조건에 딱 들어맞는 회사는 흔치 않다. 그러나 선택에 신중을 기했던 만큼 확고한 믿음이 생겼고, 이런 믿음으로 마음이 편안해지고 조급함을 떨쳐버릴 수 있었다.

안타까운 일이지만 함께 사업을 시작했던 사람들 중 지금까지 사업을 하고 있는 사람은 열 손가락 안에 꼽을 정도다. 실로 네트워크비즈니스를 시작한 사람들 중에서 꾸준히 성장하는 사업자는 소수에 불과하다. 아직 통계조차 없는 상황이라 얼마나 될지는 모르겠으나 경험상 10년 생존율은 0.1%에도 미치지 못하는 것 같다.

그 이유는 그저 돈을 벌고 싶다, 성공하고 싶다는 단순한 생각에 사전 준비를 소홀히 하고 자신의 능력을 초과하여 급하게 서두른 결과라고 본다. 앞서도 말했듯이 사업이기에 충동이 아닌 현실적 타진에서 시작되어야 한다. 정확한 현실 타진은 결국 당신의 선택에 대해 확신을 갖게 한다. 이 확신이 없다면 조급함 때문에 '기초'를 튼튼히 쌓는 일에 실패하게 된다.

20층, 50층, 100층짜리 건물을 짓는다고 생각해보자. 기초공사가 부실하면 과연 그 건물이 안전할까? 언제 무너질지 모르는 건물에 자청해서 들어가 살 사람이 과연 있을까?

마찬가지 이치다. 네트워크 사업에도 '기초'라는 것이 있다. 기초에 충실하지 않고 땅 위의 겉모양에만 치중하다 보면 얼마 지나지 않아 와르르 무너지고 만다.

결과적으로 변화의 물결 속에서 살아남기 위해서는 올바른 판단과 선택, 자신의 선택에 대한 확신이 필요하다. 끓어오르는 열정만으로는 자칫 사상누각을 지을 수도 있다는 점을 반드시 명심해야 한다.

> **tip 대표적인 두 가지 실패 이유**
>
> ● **첫 번째 이유 : 한 우물만 파지 않는다**
>
> 모든 사업은 사람의 열정을 먹고 자란다. 나무를 가꾸고 돌보듯이 그 사업에 대한 애정을 가지고 장인정신으로 이어가야 하는 것이다. 그러려면 그 사업에 대해 많은 정보를 얻고 분석하며 더 깊은 세계를 알아나가려는 호기심과 노력이 필요하다.
> 대다수의 사업이 실패하는 이유도 이 부분에서 기인한다. 제대로 알아보지도 않고 감정적으로 사업을 선택한 뒤 마음에 들지 않거나 초기 수익이 나지 않으면 금방 그만두고, 또 다른 사업을 찾아 나서기

때문이다.

따라서 실패 가능성을 줄이려면 사업 선택 시에 '한 우물을 파도 아깝지 않은' 아이템을 심사숙고해서 선정하고, 일단 사업에 돌입하면 당장 수익이 많지 않더라도 장기적인 안목으로 꾸준히 사업 가치를 높이기 위해 노력해야 한다. 그런 면에서 네트워크 사업은 평생을 두고 도전해볼 수 있는 훌륭한 사업이다.

● **두 번째 이유 : 일확천금의 환상에 빠져 있다**

사행심은 사업을 망가뜨리는 가장 나쁜 심리 상태이다. 주변을 둘러보라. 노력하지 않고 성공을 거둔 사람이 몇이나 있는가? 시간 투자를 충분히 하지 않은 사업자가 갑자기 많은 돈을 번다는 건 사실 망상에 가깝다는 걸 여러분도 알 것이다.

실로 정상급 수준을 성취한 1인 네트워크 사업자들의 이야기를 들어보면 그야말로 눈물겨운 사연이 한둘이 아니다. 주위 사람들의 편견과 배척과 싸우고, 발로 뛰면서, 밤잠을 줄여서 책을 읽고, 휴일에도 수많은 미팅에 나가며, 스스로 올바른 시스템을 쌓기 위해 노력해온 이들이다. 만일 이런 이들을 한 번이라도 곁에서 자세히 살펴보면 노력 없이 일확천금이 가능하다는 생각도 사라질 것이다.

04 꼭 한 번, 최선을 다해야 한다

　네트워크비즈니스가 새로운 시대, 새로운 사업임은 의심할 여지가 없다. 하지만 그 혜택을 알아볼 만한 안목을 가진 사람은 과연 몇이나 될까 하는 생각도 든다. 그럴 때마다 오히려 내가 더 큰 힘을 얻고 돌아오는 곳이 있다. 바로 우리 사업에 대한 소개와 사업 설명 교육, 컨설팅을 진행하는 사업 박람회장이다.

　우리 회사의 강의장은 하루하루 발 디딜 틈이 없이 붐빈다. 대부분의 사람들이 이 사업을 다단계니 피라미드니 하며 마음과 귀를 꼭 닫고 들으려조차 하지 않는다. 하지만 어떤 사람들은 먼 제주도에서 비행기를 타고 올라오기도 한다. 사람마다 이렇게 다르다.

　빡빡하게 짜인 일정이다 보니 어느 날은 대여섯 시간 내리 강의가 진행되는데도, 그 많은 사람들이 미동도 없이 집중력을 발휘하여 강의를 듣는다. 어린아이처럼 눈을 반짝이는, 놀랄 정도로 진지한 그 모습을 보면 절로 감탄이 나온다. 그럴 때마다 세상은 이런 소수의 '미친 사람들'에 의해 바뀐다는 진리를 새삼 깨닫곤 한다. 돌이켜보면 이 세상은 우리가 원하건 원하지 않건 늘 바뀌어왔고, 앞으로도 바뀌어갈 테니까.

인터넷을 볼 때도 그런 생각이 든다. 불과 20년 전만 해도 인터넷이 이처럼 세상을 크게 바꿔놓을 것이라고 생각지 못한 사람이 더 많았다. 하지만 지금은 인터넷으로 안 되는 일이 없다. 특히 우리나라는 인터넷과 관련해 최고 수준의 기술을 보유한 강국이고, 한국의 인터넷 문화가 예술, 정보교류, 지식산업과 정치까지 막대한 영향력을 미치고 있다.

경제에서도 마찬가지다. 인터넷을 기반으로 한 수많은 수익 시스템과 사이트, 콘텐츠 등 통신과 관련한 신종 산업들이 무럭무럭 성장하고 있다. 잘 갖춰진 통신 인프라를 바탕으로 거대한 '디지털 경제'가 형성되고 있는 것이다.

네트워크비즈니스도 이런 물결을 타고 확장 일로에 있는 사업이다. 인적 네트워크로 만들어진 멤버십을 활용해 인터넷 공간에서 점포 없이 직거래 수준의 가격으로 제품을 팔고, 생산 기업의 마케팅과 유통 비용을 내 몫으로 가져온다. 평상시에 쓰는 물건을 사업자로서 사는 것만으로도 일정 금액을 보상받고, 직접 판매자가 되어 회원을 구축하면 회원들의 구매 금액에 따라 일정한 차익을 돌려받게 된다. 점포나 별다른 사업비용 없이 온라인, 오프라인 상에 구축된 판매 시스템을 활용하니 손해 볼 위험도 없다.

나를 비롯해 네트워크비즈니스로 부자가 된 사람들도 이 유통 시스템을 활용하여 매출을 기하급수적으로 늘림으로써 많은 로열티를 받게 된 사람들이다.

부자와 가난한 사람의 차이

이 시대 최고의 미래학자라 불리는 엘빈 토플러의 말을 기억해보자. 그는 앞으로는 변화의 물결을 인지하는 사람들과 그렇지 못한 사람 사이에 엄청난 격차가 벌어질 것이라고 예견했다. 그저 아느냐 모르느냐의 차이가 부자와 가난한 사람의 차이를 만들어낸다는 것이다.

수천 년 전부터 어느 시대나 빈부 차이는 있었다. 다만 예전에는 신분제도나 족벌 등으로 부와 힘의 차이가 결정되었다면, 이제는 시대의 흐름, 산업의 흐름을 아느냐 모르느냐에 따라 계급이 좌우되는 셈이다.

> 이 시대의 '찬밥'이라 불리는 베이비부머들을 보자. 이 세대는 이 시대의 다양한 변화에 휩쓸리며 고난의 행군을 해온 세대라고 볼 수 있다. 그들이 결혼을 할 즈음에 전세 대란이 일어났고, 그들이 정년퇴직을 할 즈음에는 정리해고와 퇴직 문제가 불거졌다. 그러다 보니 열심히 일했는데 남은 거라곤 집 한 채가 전부, 자식들 교육시키고 시집장가 보내느라 노후조차 준비하지 못했다. 그야말로 진퇴양난, 힘겨운 세대라고 할 만하다. 그렇다고 이들이 마냥 주저앉아 있다고만 생각하면 착각이다. 내 주변만 봐도 이와 비슷한 나이를 가진 사람들 중에 적지 않은 수가 21세기 부자 되는 길에 서 있기 때문이다.

유연한 사고, 관점을 바꾸면 시장은 널려 있다. 실은 50세 이후 지금부터가 진짜 인생 시작이다.

한 달에 한두 번은 지방 강연을 가는데 부산, 울산, 전주, 광주처럼 먼 곳은 왕복 7~8시간 걸리는 때가 있다. 강연을 마치고 집으로 돌아오면 새벽 4~5시가 되고 몸은 천근만근이지만 마음은 세상을 다 얻은 듯 행복하다. 나의 강연을 듣고 간 사람들 때문이다.

한 마디도 놓치지 않으려고 귀를 쫑긋 세우고 열심히 노트 필기를 하는 분들, 강연이 끝나고 여기저기 쏟아지는 질문들……. 대부분은 베이비부머 세대라고 할 수 있는 사람들이다. 이런 사람들에게 한 가지라도 더 알려주려고 하다 보니 예정된 시간보다 한 시간, 두 시간씩 강의가 연장된다.

  나의 강의가 누군가의 삶에 도움을 드릴 수 있다면 이보다 더 보람된 삶이 있겠는가?

성공의 열차를 타라

  목표와 열정을 갖고 하루하루 최선을 다해 살아가는 사람들 곁에는 유독 도움을 주는 지지자들이 많다.

  길다고 보면 길 수 있는 100년 인생, 우리 인생에는 단 한 번의 기회만 있는 것이 아니다. 자신의 꿈에 대한 믿음을 가지고, 그 꿈을 좇는 이들에게 인생은 아름다운 여정일 수 있다. 꿈을 잃지 않고 주어진 현실에서 자기 길을 재창조하는 사람은 난관을 만나도 쉽게 꺾이지 않는다. 혹자는 세상에서 가장 강한 사람은 '주어진 환경에서 최선을 다하는 사람'이라고 말하기도 한다.

  최선을 다하는 사람들은 결코 패배하지 않는다. 늘 도와주려는 사람들이 많은 곳, 최선을 다하는 사람들끼리 모여 있는 성공 기차에 타고 있으면 목적지까지 절로 가게 되는 것, 이것이 가장 쉽고 재미나게 목적지에 이르는 길이다.

05 차별이 존재하지 않는 윈윈(Win-Win)

혹자는 네트워크비즈니스를 '인간관계의 사업'이라고도 말한다. 조금도 틀림이 없는 말이다. 보통 '인간관계'라고 말하면 사교를 떠올리기 쉽지만, 네트워크 사업에서의 인간관계는 거기서 한 걸음 더 나아가 '윈-윈'을 포함한다. 나도 너도 다 잘되는 인간관계를 구축한다는 의미다.

네트워크비즈니스는 기본적으로 스폰서가 파트너를 이끌어주면서 성장한다. 경험자가 나서서 자신의 성공 원칙을 전달하면 그것이 더 많은 이들의 성공을 이끌어내는 초석이 된다. 주변에 성공한 사람들을 가만히 살펴보면, 이들은 결코 혼자 성공한 것이 아니라 주변에 또 다른 성공한 사람들이 있다는 점을 알게 된다. 나 역시 소위 말하는 '성공한 사람'이라 할 수 있지만, 다른 사람이야 어떻게 되든 나만 잘 먹고 잘살면 된다는 생각은 꿈에도 해본 적이 없다.

"빨리 가려면 혼자 가고, 멀리 가려면 같이 가라"는 말이 있다. 네트워크비즈니스는 2인 3각 게임과 같아서 마음과 발을 맞추지 않으면 넘어진다. 누누이 말하지만, 네트워크비즈니스는 빨리 달리는 게임도 아니고, 빠른 돈, 쉬운 돈을 건지는 사업도 아니다. 또한 혼자 앞서 가려고 다른 사람을 밀치고 나간다고 해서 성공할 수 있는 사업도 아니다. 이 사업은 상대방을 배려하고 호흡을 맞춰 함께 달릴 때 더 오래, 더 멀리 갈 수 있는 팀워크의 사업이다.

믿음과 사랑으로 성공한다

나는 "빨리 가려면 혼자 가고, 멀리 가려면 같이 가라"는 말을 마음에 새기며 살고 있다. 친구도, 형제도 다 가난한데 혼자만 잘산다고 행복할 수 없다는 것을 경험으로 깨달았기 때문이다. 그런 면에서 네트워크비즈니스의 기초는 믿음, 사랑, 그리고 상생이다.

종교 단체도 아니고, 믿음과 사랑이 사업의 기초라니 말도 안 된다고 생각하는 사람도 있겠지만, 실로 이 사업은 믿음과 사랑의 마음이 없으면 상생에 실패해 결국 무너지게 된다. 서로에 대한 믿음과 사랑을 가지고 상대방을 도우려는 의지가 있어야만 사업이 진행된다.

이 사업은 '누가 더 많은 사람을 도와 성공시키느냐', '어떻게 하면 더 잘 도울 수 있느냐', '어떻게 하면 더 사랑하고 이해할 수 있느냐', '누가 더 참고 기다리느냐', '어떻게 하면 상대를 더 기쁘고 유익하게 해줄 수 있느냐'를 늘 연구하고 실천하는 게 궁극적인 목표이다.

물론 현대사회는 치열한 경쟁사회다. 강한 자가 살아남는 것이 당연한 것 같은 세상이다. 기업들끼리, 심지어 가까운 사람들끼리도 서로를 이기려고 기를 쓰며, 네가 죽지 않으면 내가 죽는다는 심정으로 거의 전쟁을 하고 있다. 과연 이런 짓밟기식 경쟁으로 얼마나 큰 부자가 될 수 있을까?

네트워크비즈니스에서는 각 개인을 '사장님'이라고 부른다. 나이가 많든 적든, 현재 수입이 얼마이든 그런 것은 중요하지 않다. 내가 소중한 만큼 남도 소중하다는 마음으로, 동등한 입장에서 서로를 인정하는 마음으로 임할 때 이 사업도 성공에 이르게 된다.

무한 교육 윈-윈 시스템

특히 네트워크비즈니스는 차별이 존재하지 않는다. 학벌과 성별, 연령의 차별 없이 각자가 가진 장점으로 승부하고, 단점을 서로 보완하는 윈-윈 시스템이 자리 잡고 있기 때문이다. 타인의 성공이 곧 나의 성공'이라는 명제야말로 네트워크비즈니스의 가장 큰 가치라고 해도 과언이 아닐 것이다.

특히 이를 교육 시스템을 통해 널리 퍼뜨리는 것 또한 네트워크비즈니스의 힘이다. 경험이 있는 사람이 후원자(스폰서)가 되어 하위 라인의 무경험자(파트너)를 도와 그가 한 사람의 사업자로서 자리를 잡을 수 있도록 하고, 또 그렇게 배운 사람은 자신의 파트너에게 전수한다. 이른바 무한 복제 교육 시스템이다.

성공이나 부는 양이 정해진 재화가 아니다. 나눌수록 더 커지고 견고해진다. 정보와 지식도 다른 사람에게 나누어준다고 그 양이 줄어들지 않는다. 오히려 많이 나눌수록 더 풍부해진다. 내가 성공하려면 먼저 남을 도와야 하며, 나를 통해 더 많은 성공자가 탄생되어야 내가 성공한다.

야구 역사에서 영웅으로 불리고 있는 베이브 루스가 세운 최고의 기록은 6할 2푼 5리, 우리나라의 이승엽 선수가 세운 기록은 4할 5푼 8리이다. 야구선수들의 평균 타율은 2할 대가 대부분이다. 그렇다면 나는 어떨까? 야구선수 타율로 따지자면 1할도 되지 않는다. 1할도 안 되는 타율로도 성공의 자리에 오를 수 있는 시스템의 위력에 놀라울 따름이다. 누구나 겪는 성장 과정이었으며 이제부터 점점 타율이 높아질 것이라 믿는다.

하지만 다른 한편으로는 안타까운 마음도 있다. 만일 내 타율이 조금만 더 좋았더라면 더 많은 사람들이 성공의 궤도에 오르는 것을 도울 수 있었을 텐데 하는 마음 때문이다. 나의 그릇이 좀 더 컸더라면, 나의 실력이 좀 더 좋았다면 하는 미련과 아픔은 내가 다시 아이들을 기른다면 더 잘 기를 수 있겠다는 마음과 같다. 그래서 나는 지방 후원과 강연을 마다하지 않는다.

매일 쓰는 아침 편지도 그런 이유 때문이다. 나의 도움을 필요로 하는 사람들이 있다면 기꺼이 먼 길도 달려간다. 한 명이라도 더 꿈을 이룰 수 있도록 그들을 돕고 싶은 마음에서다. 현재 이 순간 내가 해야 할 가장 큰 일이 그것이라 생각한다.

> **tip 네트워크비즈니스는 꿈터, 일터, 놀이터, 사랑터, 보람터, 만남터이다**
>
> 나이 들어 일터가 있다는 것만으로도 감사한데, 일터가 놀이터이며 꿈터라면 어떨까? 이 꿈이 이뤄지는 곳이 바로 네트워크비즈니스의 터다. 매월 후원 수당이 들어온다. '벌써 월급날이 되었구나. 뭘 했다고 이렇게 많은 수당을 주나?' 하는 생각이 절로 든다. 그런데 이 수당이 죽을 때까지 계속 나오고 그것도 점차 불어서 나온다고?
>
> 사업을 검토하며 제품을 사용해보던 2000년 8월, 처음으로 수당 명세

서를 받았다. 우편으로 명세서를 받았다. 개인 실적은 4,700여 원의 수당에서 발송비 300원 정도를 제하고 4,300원이 내가 받는 실 수당이었다. 이 돈에서 뗄 게 뭐 있나 생각이 들었지만 어쨌든 수입이 들어왔으니 기분이 좋았다. 게다가 주민세, 소득세 등 수입 내역, 세금 명목이 공무원 명세서와 같아 신뢰감이 생겼다. 공무원 봉급처럼 정확한 날에 지급되면서 계속 증가되어 나오는 게 너무나 신기했다.

명세서는 다음과 같았다.(안타깝게 첫 달 명세서는 보관하지 못했고, 두 번째 달부터 보관해놓았다.)

* 2000년 9월 명세서

개인 실적 : 788,468

하위그룹 실적 : 1,880,700

합산 : 2,669,168

비 독립 실적 : 상동 (독립 전, 사업 두 달째)

누적 실적 : 2,812,251

[후원 수당 내역]

그룹 육성 장려금 : 당월 합산 점수 × 비율 - (직하위 회원의 당월 합산 점수) × 비율

(2,669,168 × 9%) - (1,202,982 × 9% + 677,718 × 3%) - 111,625원

[공제금 내역]

1. 선수금

2. 소득세 : 3,340

3. 주민세 : 330

4. 송금 수수료 : 300

* 공제금 합계 : 3,970

당월 지급액 : 107,655원

2001년 4월에는 다음과 같은 명세서가 날아왔다.

*** 2001년 4월 명세서**

개인 실적 : 581,997

하위그룹 실적 : 21,085,520

합산 : 21,667,557

비독립 실적 : 1,177,322

누적 실적 : 105,325,316

[후원 수당 내역]

- 그룹 육성 장려금 : 21,667,571 × 17 % - (20,490,195 × 17% + 437,292 × 6% + 113,611 × 3%) - 170,498
- 리더십 장려금 : 782,413
- 직급수당1 : 0
- 직급수당2 : 4.5/ 1232 × 5.0 × 8,201,558,699 = 1,498,458

- 직급수당3 : 0

[공제금 내역]
1. 선수금 : 0
2. 소득세 : 73,540
3. 주민세 : 7,350
4. 반품 공제 : 0
5. 송금수수료 : 300
* 공제금 합계 : 81,190

당월 지급액 : 2,370,179원

2002년 5월에는 사업에 목숨 걸고 뛰다 보니 다음과 같은 명세서를 받았다.

*** 2002년 5월 명세서**
개인 실적 : 102,672
하위그룹 실적 : 약 2억 900
합산 : …
비독립 실적 : 5,341,786
누적 실적 : …

[후원 수당 내역]

- 리더십 장려금 : …
- 직급수당1 : (본인 그룹 실적 – 500만점) × 7% , 직급1 이상 (500만 × 본인 독립 라인 × 7%) – 500만점 × 6 × 7%) – (5,341,786 – 500만점) × 7% = 2,135,024

* 독립 그룹 수 1개 이상, 또는 비독립 실적 500만점 미만인 그룹 훼미리 회원의 장려금은 차상위 직급자에게 올라감(패스업 제도)

- 직급1 장려금 : (본인 점수 / 대상자 총 점수) × 1.5% × 회사 총 HP
  (0.0 / 1,380.0) × 1.5% × 17,922,347,865 = 0
- 직급2 장려금 : (본인 점수 / 대상자 총 점수) × 5.5 × 회사 총 HP
  (5.5 / 3,361.0) × 5.5 % × 17,922,347,865 = 1,613,305
- 직급3 장려금 : (본인 점수 / 대상자 총 점수) × 2.5 % × 회사 총 HP (11.0 / 1,773.0 × 2.5% × 17,922,347,865 = 2,779,834
- 직급4 장려금 : (본인 점수 / 대상자 총 점수) × 1.0% × 회사 총 HP
  (13.0 / 686.0 × 1% × 17,922,347,865 = 3,396,363)

[공제금 내역]

1. 선수금 : 0
2. 사업소득세(3%) : 311,960
3. 주민세(10%) : 31,190
4. 반품 공제액 : 0
5. 부가세 차감액
6. 송금 수수료 : 300

* 공제금 합계 : 343,450

당월 지급액 : 10,055,337원

이는 기하급수 원리에 의한 성장의 잠재력과 사업의 수익 원리를 설명하기 위해 제시한 자료이다.
네트워크비즈니스 시스템은 효율적인 성공 도구이긴 하나, 노력하지 않아도 저절로 이루어지거나 그저 사람만 많이 모은다고 되는 사업은 절대 아니라는 점을 다시 한 번 강조하고 싶다. 그리고 당신이 이 자료에 제시된 수치보다 그 안에 담긴 인고의 누적된 가치를 읽을 줄 아는 혜안을 가졌으면 좋겠다.

어디에 미치느냐에 따라 달라지는 인생

사업 초기 사업 비전을 보고 생각나는 사람 몇이 있었다.
"선배님, 좋은 정보 있으면 저도 주셔야 해요."
직장생활하며 아이들 기르며, 남편 뒷바라지까지 똑 부러지게 하면서도 재테크도 잘하는 후배! 열심히 사는 모습을 보면 내 모습 같아 무엇이든 주고 싶은 후배이다.
"아주 괜찮은 정보가 있어서 자기가 생각나서……."

핸드폰이 뜨끈뜨끈해 사용할 수 없을 정도로 1시간 반 이상을 핸드폰에 대고 사업 설명을 했다. 나의 열정을 주체하지 못해 혼자 떠들었으니 상대방은 다단계에 빠졌다 오해를 한 건지 그다음부터는 전화를 받지 않았다. 오해는 풀어야겠다는 생각에 찾아갔지만 만나질 못해, 자료를 두어 차례 우송해주었다.

대학원 석사 과정을 밟느라 바쁠 뿐, 오해 같은 건 없다는 통화로 마무리한 채 다른 일이 바빠 후배는 잊어버렸다.

석사 과정을 마치고, 남편 일이 잘 풀리지 않아 부부 사이가 어려워지고, 이를 잊기 위해 다른 남자와 열애에 빠졌다 한다. 공무원 세계에서는 불명예로 치부되는 일이다. 후배가 이를 견디지 못해 세상을 달리 했다는 소식을 전해 들으며 참 미안했다.

꿈과 열정이 많아 잠시도 가만히 있지 않았던 그녀. 도구와 멘토를 잘 만났다면 크게 성공했을 수 있는 후배였다는 생각…….

핸드폰으로 전하지 않고, 만나서 차근차근 안내했더라면 하는 아쉬움, 영원히 떨쳐지지 않는다.

Chapter 06

나를 100억 부자로 이끄는 성공의 비결은?

01 성공하기 위한 **준비**, 반드시 **결의**가 **필요**하다

　회사를 운영하는 것을 '경영'이라고 한다. 커다란 조직이 제대로 굴러가려면 이 경영의 원칙이 확실해야 하고, 경영자의 철학이 중요하다. 이 경영 원칙을 개인에게 적용한 것이 바로 '자기 경영'이다.

　자기 경영이란 말 그대로 자신을 경영하는 일이다. 회사 경영을 잘 못하면 회사가 망하듯이, 개인도 자기 경영을 못하면 실패하게 된다. 자신과의 약속을 잘 지키며 원칙을 세우고 미래로 나아가야 한다. 그럴 때 필요한 것이 바로 결단과 결의다.

　나는 사업을 진행하면서 어려움에 부딪힐 때마다 한 일이 있다. 처음의 목표를 되새기며, 앞으로 삶을 바꾸기 위해 이 사업을 시작했다는 결단의 마음을 되살리는 것이다. 포기하고 싶을 때, 그저 흘러가는 대로 놓아두고 싶을 때, 몇 번이나 마음을 다시 잡으며 스스로를 일으켜 세우는 이 작업이 없었다면 현재의 나는 없었을 것이다.

    사업을 시작할 때도 그랬다. 어떤 사람은 이 좋은 정보를 듣고도 계속 반신반의할 때, 나는 한 걸음이라도 먼저 시작하겠다고 결단했다. 21세기 정보화시대 1년 반은 과거의 150년보다 긴 세월이라는 판단에, 연금이 보장되는 공무원직을 과감히 그만둘 수 있었다.

    세상에는 두 종류의 사람이 있다. 즉시 결단하고 결의하는 사람, 늘 결단을 미루는 사람이다. 어느 쪽이 더 큰 성과를 거둘지는 굳이 말하지 않아도 알 수 있을 것이다. 이 결단과 결의는 어찌 보면 훌륭한 낚시꾼의 낚시 기술과도 흡사하다. 눈앞에서 찌가 움직이는데 제때에 낚아채지 못하는 사람은 낚아챌 때를 아는 사람을 당해낼 수 없다. 즉 결의와 결단은 성공이라는 물고기를 잡기 위해 반드시 갖춰야 하는 기술이라고 할 수 있다.

기하급수로 성장하는 무한 수익 구조

    직장인들의 경우 연봉 1억 원을 받으려면 피나는 노력을 해야 한다. 근속연수 20년 이상, 그것도 치열한 경쟁을 뚫고 상위 직급으로 승진하지 않으면 연봉 1억 원은 받기 어려운 꿈의 액수다.

    반면에 전문직은 어떤가? 한 분야에서 전문적인 기술을 쌓은 베테

랑은 연봉 1억이 넘는 사람들이 적지 않다. 네트워크비즈니스도 노하우와 경험, 기술이 쌓일수록 더 많은 수익을 얻게 되는 전문직의 일종이다. 시스템 안에서 경험을 쌓아가며 그 경험으로 사업을 확장해나갈 수 있기 때문이다. 더군다나 이 사업은 학벌과 연령, 성별의 장벽이 없다. 따라서 누구든 1억 연봉에 도전할 수 있다.

다만 시작부터 매년 1억 원을 벌겠다고 생각하는 사람이 있다면, 이를 자신의 꿈과 자신을 채찍질하는 의지의 상징으로 활용하기를 권하고 싶다. 자칫 사행심으로 자신은 물론 네트워크비즈니스 시스템을 망가뜨릴 수도 있기 때문이다.

네트워크비즈니스에서는 그룹 시스템을 복제해 시장을 무한대로 키워나가면서 무한대의 수익 구조가 만들어진다. 이것이 바로 기하급수의 원리다. 즉 당신의 시장 규모가 어느 정도까지 커지면 시스템이 자생력을 가지고 당신의 시장을 확대해나갈 것이다. 그러나 그때까지는 반드시 시간과 노력을 투자해야 한다.

사업을 처음 시작할 때는 반드시 꿈을 이루겠다는 열정으로 나서야 한다. 그것을 할 수 있게 하는 것이 바로 결단의 힘이다. 이 사업으로 반드시 억대 연봉자가 되겠다는 꿈을 구체적으로 그리고 바로 시스템대로 하겠다는 결단, 결의를 갖고 도전하면 이것이 성공 열차에 탑승하는 것이다.

결의를 통해 자신을 점검하는 습관

처음 이 사업을 소개받았을 때, 이 사업의 시장이 어마어마하다는 것을 금방 직감했다. 그저 생필품을 바꾸고, 쇼핑몰을 바꾸는 것뿐이지만, 생필품은 누구나 쓰는 것이요, 쓰고 나면 다시 사야 한다. 다시 말해 일정한 축적 구조만 만들어놓으면 기하급수적으로 수익이 늘어나는 것이 당연한데, 대부분은 빨리 돈 되는 사업만 고집하는 게 참으로 안타까웠다.

나는 우리 가족의 생활필수품을 사업 물품으로 바꾸는 것부터 시작했다. 그리고 다른 사람들에게 사업을 권하고 함께 진행하기까지 몇 번이고 실패와 노력을 반복했다. 그러다 보니 사업 확장의 매뉴얼도 단계적으로 완성되었다.

스스로 공부하고 단련하며, 자신을 사랑하고, 더불어 타인을 이해하며, 누군가와 밥 한 끼 먹어도 긍정적인 에너지를 주고, 제품에 대해 이야기할 때는 확신을 가지고, 사람을 대할 때는 진심을 다하고, 받을 수 있는 것보다 줄 수 있는 것에 대해 생각하고…….

하지만 이 모든 것이 단번에 이루어진 건 아니다. 여기서조차 말하지 못할 많은 어려움이 있었다. 친구들과 가족들에게 외면당하고, 어떤 친구는 아예 친구관계를 끊어버릴 정도였다. 그런 순간마다 처음에 설정했던 목표를 이룰 때까지 전진하겠다는 결의를 되새겼다. 그렇지 않았더라면 중도 포기를 했을지도 모른다.

물론 매일 매일 마음을 다시 잡고 결의하는 일은 쉽지 않았다. 그럴 때는 책과 테이프 등 나를 동기부여할 수 있는 도구들을 적절히 사용하는 것이 아주 큰 도움이 되었다. 또한 세미나와 강의 등에도 적극적으로 참여하다 보면 외로움이 비단 나만의 것이 아님을 알게 되었다. 수많은 사업자들이 주위의 편견과 눈총 속에서도 꿋꿋이 자신의 길을 걸어가고 있는 것을 눈으로 확인할 수 있었다.

이제 어떤 일을 계획하고 진행할 때, 반드시 그 일을 성사시키겠다는 결단의 과정이 내 몸에 뿌리 박혀 신진대사의 하나로 자리 잡았다. 이 모두가 사업 진행의 중요한 매뉴얼이 되어주었음은 두 말할 필요가 없다.

결단의 순간은 언제나 찾아온다. 눈앞에 성공의 찌가 움직일 때, 그것을 낚아채는 결단의 기술을 가진 사람은 반드시 자신의 삶도 성공으로 이끌 수밖에 없다. 오늘 이 순간이 결단의 순간일 수도 있다. 당신은 어떤 선택을 하겠는가?

02 전략은 무엇인가?

인간의 마음은 눈에 보이지 않는다. 그러나 이 마음이 우리 인생의 방향을 바꿔놓을 수도 있다는 점을 아는가?

어떤 강의에서 들었던 일화다. 아프리카에 두 명의 신발 회사 사원이 파견되었다. 회사 사장은 두 사람에게 아프리카에서 신발 사업의 시장성을 알아보도록 했다. 두 사람은 아프리카에 도착해 시장조사를 한 뒤 각각 보고서를 올렸다. 사장에게 도착한 보고서는 놀랍게도 판이하게 달랐다. 첫 번째 사원은 다음과 같이 보고했다.

"아무래도 아프리카에서 신발 사업을 한다는 것은 무리인 것 같습니다. 이곳에서는 아무도 신발을 신지 않고 있으니 신발 살 일도 없을 듯합니다."

사장은 실망했지만, 다음 보고서를 보는 순간 미소를 짓지 않을 수 없었다.

"사장님! 이곳은 그야말로 대단한 시장입니다. 누구도 신발을 신고 있지 않으니, 이 어마어마한 아프리카 인구 모두에게 신발을 판다고 생각해보십시오! 대단한 수익을 얻을 수 있을 겁니다."

과연 이 사장은 누구의 보고서를 받아들였을까? 결국 사장은 숙고 끝에 아프리카에서 신발 사업을 펼치기로 결심했고, 두 번째 보고서의 주인공에게 총괄 책임을 맡겼다.

변하지 않는 것이 가장 위험하다

위 일화와 마찬가지로 나에게는 온 천지가 시장으로 보인다. 길거리를 지나는 사람들이 머리끝에서 발끝까지 사용하는 제품들을 우리 회사 제품으로 바꾸는 날, 생필품을 구매하기 위해 대형마트에 줄서 있는 인파들, 홈쇼핑 채널을 놓지 못한 채 사는 마니아들이 나의 고객이 될 날을 꿈꾸어본다.

물론 처음 이 사업을 시작하는 사람들에게 이런 사고방식을 권하기는 쉽지 않다. 나 역시 그러했으니까.

처음 이 사업을 소개받은 건 초등학교 동창 지숙이와 경민이를 통해서였다. 아이 셋 기르며 교사 생활을 하던 친구 지숙이가 또 다른 부업을 하는데 괜찮은 것 같다며 전화를 주었다. 그러나 나는 전혀 이해가 되지 않았다. 사업을 만나게 된 동기와 느낀 점, 시대의 흐름에 대해 A4 용지 10여 장에 걸쳐 상세히 적어 부쳐왔지만 그것 역시 생소한 분야라 마음에 와 닿지 않았다. 서너 달 동안 매주 전화를 해서 1시간가량 설명하는데, 솔직히 불편했다. 그러나 학창시절 똑똑했고 올곧게 살았던 친구, 불의와 타협하지 못하는 전교조 교사 친구에 대한 믿음으로 뭔가 있을 거라는 생각이 들기도 했다.

방학이 되면서 서울에 올라가 강의를 들으면서 왜 친구가 그토록 흥분했었는지 이 사업이 이해되기 시작했다. 이런 사업이라면, 내가 하지 않아도 누군가는 이 사업을 통해 성공할 수도 있겠다는 생각, 나는 하지 않고 친구들은 했을 경우 10년 후 크게 후회할지도 모르겠다는 생각이 들었다.

뉴밀레니엄 시대를 우리는 이렇게 맞이하게 되었다. 이 일의 중심은 분명 '나 자신'이 될 것이며, 그래서 더 열심히 할 수 있을 것이라는 확신도 얻었다.

하지만 확신만 있을 뿐, 휴대전화도 잘 터지지 않는 시골 마을에서 네트워크비즈니스가 뭔지도 모르는 사람들을 상대로 사업을 하기란 하늘의 별 따기였다. 학교에서 애들만 상대하며 세상 돌아가는 일에도 큰 관심 없이 살아온 터라 어떻게 시작해야 할지 막막했다.

그 무렵 계룡산 근처도 많은 것이 변했다. 한 지인의 빵집은 대형 체인점으로 변신했고, 또 다른 지인들의 생선가게와 채소가게가 있던 자리에는 이마트가 들어섰다. 어디에서 누가 무엇을 팔든 별로 관심이 없었다. 나는 그저 필요한 것을 사서 먹고 쓰기만 하면 된다고 생각했다. 그런데 네트워크비즈니스를 알게 되면서, 그렇게 사서 쓰던 물건을 바라보는 시각까지 변했다. 그렇게 대형 체인점이 들어서면 그 자리에서 장사를 하던 사람들은 지금 어디에서 무얼 해서 먹고 살까, 그 사람들도 이런 사업을 하면 생계를 유지할 수 있지 않을까 생각하기 시작했다.

그리고, 이런 생각은 나에게 놀라운 변화를 불러왔다. 빠른 속도로 변화하는 시대의 흐름과 비전을 열심히 알려야 한다는 생각에 시간만 나면 지인들에게 편지를 썼다. 이 기회를 놓치지 않겠다, 반드시 성공시킬 수 있다는 믿음으로 전화를 걸고 직접 찾아가기도 했다. 꼼꼼하게 만든 자료들을 소포로 부치기 위해 퇴근 후 우체국에 들르는 것 역시 하루의 중요한 일정이었다. 다행히 5시에 퇴근이라 서둘러 가면 6시 문을 닫기 전에 우체국에 도착할 수 있었다.

돌이켜보면 이 모든 것은 간절한 꿈이 주는 열정의 덕이었던 것 같다. '할 수 있다, 반드시 해내겠다' 는 강렬한 감정, 만일 이것이 없더라면 결코 이 도약의 기회를 낚아채지 못했을 것이다.

'할 수 있습니다'의 기적

나는 지금도 이 사업에 대해 이렇게 소개한다.

"이 사업은 위험한 사업이 아니라 반드시 경험해야 하는 평생 교육의 장입니다. 사업을 통해 내가 얼마나 소중한 사람인가를 깨닫고, 자신의 소중함을 깨달음으로써 습관이 바뀌는 곳입니다. 또한 습관이 바뀌면 무엇이든 가능하다는 자신감을 갖게 되는 멋진 성공 시스템을 갖춘 사업입니다."

요즘 들어 사업을 하는 것도 위험한 일이었지만, 하지 않았더라면 더욱 위험했으리라는 생각이 든다. 사업을 진행하면서 시스템 안에 있는 사람과 밖에 있는 사람의 차이가 얼마나 큰지를 몸소 체험했기 때문이다.

겨우 10년 전만 해도 상상조차 할 수 없던 세계가 이미 현실이 되고 있다. 세상은 이렇게 빠른 속도로 변화하는데, 만일 변화를 좇지 않고 안전지대에 가만히 있었다면 어땠을까? 그것이 더 위험한 일이 아니었을까?

그럼에도 어떤 사람들은 '변화는 남의 일'이라고 마음을 닫아버린다. 그런 이들의 핑계는 수백 가지다. 책 속에 답이 있으니 읽어보는 게 어떻겠냐 하면 눈이 침침해 책 보기가 어렵다고 한다. 눈에 좋은 영양제를 권하면 다른 영양제를 먹는 것도 많다며 궁색한 이유를 댄다. 강의라도 들으면 좋겠다 싶어 안내해주려 하면 시간 핑계를 대고, 운동을 권하면 허리가 아프다고 한다. 그런 사람들을 볼 때마다 안타깝고 한숨이 난다. 앞으로 남은 긴 노후를 배우자도, 아이들도, 국가도 책임져줄 수 없는데 어떻게 할 생각인지 답답하다.

반면에 성공한 사람들은 무엇이건 도전하는 것을 어려워하지 않는다. 무엇이건 일단 '할 수 있다'고 말한다. 마인드 변화, 외모 변화, 그 무엇이건 노력하면 안 되는 것이 없다고 생각하는 것이다. 그런 모습을 보면 바로 저런 긍정이 사업의 성공을 이루어냈구나 하는 생각이 절로 들게 마련이다.

물론 처음부터 잘할 수는 없다. 10킬로그램 체중 감량이 어렵다면, 작게 시작하여 될 때까지 하면 된다. 마라톤이 어렵다면, 걷기부터 하면 된다. 훌륭한 사업자가 되는 것은 한 단계씩 꾸준히 하면 되는 일이다.

안 되는 일은 없다. 된다고 생각하고 노력하는 사람은 10년 후에는 반드시 다를 수밖에 없다. 그는 심적으로는 건강해지고, 물질적으로는 풍요로워지며, 외모 또한 훌륭해질 수밖에 없다. 물론 사회적으로도 영향력을 주는 사람으로 변해 있다.

03 성공 비결은 8코어에 있다

최근 주식과 관련한 책을 읽기 시작했다. 별다른 이유가 있어서가 아니다. 많은 사람들이 주식 등 금융 투자는 사행성이 강하다고 말한다. 실로 우리나라만큼 주식과 부동산 같은 투자의 도구가 투기의 도구로 활용되는 나라는 드물다고 한다. 제대로 정보를 찾고 본래의 취지에 맞게 실천하는 대신 소위 대박을 노리는 투자자가 많은 탓일 것이다.

하지만 나는 네트워크비즈니스가 평생에 걸쳐 진행하는 사업인 것처럼 주식, 부동산, 금융 상품도 평생에 걸쳐 공부하고 실천해야 하는 투자라고 생각한다. 네트워크비즈니스 역시 교재나 강의를 무시하고 성공 시스템을 따르지 않은 채 마이웨이로 사업하는 사람은 100% 실패한다. 이를 몸소 경험하고 목격한 나로서는 주식도 마찬가지일 것이라는 생각이다. 이 사업을 시작했을 때처럼 주식 관련 필독도서 열권을 열 번씩 읽고, 주식 관련 강의를 듣고, 전문가를 활용, 5년, 10년 멀리 보고 투자한 회사와 평생 함께 가겠다는 믿음으로 하고 있다. 네트워크 사업에서 실천한 그대로를 주식과 부동산에도 적용하고 있다. 좀 더 열심히 하여, 나중에 재무 상담도 해드리고 싶다는 작은 바람 또한 가져본다.

'8코어'도 습관이다

가계부를 2~3년 쓰다 보면 왜 써야 하는지, 쓰면 어떤 이익이 있는지 스스로 깨닫게 된다. 그래서 안 쓰면 오히려 살림뿐만 아니라 생활까지 뒤죽박죽이 된다. 나는 이 가계부를 화장대 옆에 놓고 화장 지울 때 짬을 내서 썼다. 쓰는 데는 길어봤자 2~3분 이내면 충분했다. 매일 적은 가계부는 월말 결산 및 연말 결산의 자료가 된다. 계속 쓰다 보면 3년, 5년, 10년을 한꺼번에 볼 수 있는 소중한 자료가 된다. 균형잡힌 소비 습관이 미래의 길을 보여주는 것이다.

사업을 시작하고 아침편지를 쓰는 것도 이런 습관 덕에 가능했다. 그런데 이렇게 아침편지를 쓰며 빼놓지 않고 점검하게 된 것이 또 하나 있다. 바로 사업의 8코어다.

8코어란 사업 진행 시 스스로를 동기부여하고 사업 확장의 기술을 익혀가도록 만들어진 로드맵이다. 보통사람이 성공자가 될 수 있는 성공습관은 총 8가지로 진행되며 이를 각각 하루 동안 진행하면 된다. 단언컨대 매일같이 이 8코어를 빠짐없이 진행하는 사업자라면 성공하지 않을 사람이 없다고 확신한다. 나의 아침편지는 나의 하루에 대한 정리이자, 8코어의 실천 여부를 점검해놓은 것이다. 그날 하루 8코어를 잊지 않고 잘 실천했는지, 실천하고 무엇을 느꼈는지를 자연스럽게 기록한다. 사업 비전과 사업 방법, 성공 노하우는 물론 실패의 경험까지 적음으로써 사업 파트너들에게 시행착오를 줄여드리기 위한 목적도 크다. 이 아침편지에 그저 일상에 대한 감상만을 써놓았다면, 일종의 일기에 불과할 것이다. 그러나 그 안에 사업 기반을 쌓을 수 있는 성공의 8코어를 점검해 놓음으로써 나의 중요한 복제 시스템이 되었고, 이는 나의 브랜드가 되었다. 3200회 8코어를 쓰면서 보통사람을 성공자로 만들어내는 성공 시스템에 놀랐고, 이런 시스템을 만들어준 선배들이 너무나 감사하다.

읽고, 쓰고, 배려하고, 노력하라

어떤 사람들은 내가 사업하랴, 공부하랴, 살림하랴 바쁜 와중에 매일 기록을 남기는 것을 보고 독하다고 말하기도 한다. 하지만 8코어 역시 하나의 습관, 하나의 생활 시스템으로 만들어놓으면 밥 먹고 잠자는 것처럼 자연스럽게 해나갈 수 있다.

나의 8코어를 보면서 많은 사람들이 부담을 느끼는 경우도 있다. 이렇게 많은 걸 하루에 어떻게 다 하느냐는 것이다. 8코어의 핵심 주제는 다음과 같다.

> 1. 매일 15분 이상 책을 읽는다.
> 2. 매일 테이프를 1개 이상 듣는다.
> 3. 주 3회 미팅 등 행사에 참석한다.
> 4. 제품을 애용한다.
> 5. 소매고객을 후원, 유지한다.
> 6. 사업설명에서 자료를 전달하고 비전을 제시한다.
> 7. 상담 등 대화를 통해 사업을 점검한다.
> 8. 신뢰를 쌓는다.

어떠한가? 할 일이 아주 많은 것처럼 느껴질지도 모르겠다. 8코어에 대한 자세한 이야기는 바로 다음 부분에서 하기로 하고, 여기서는 8코어 진행의 핵심만 언급하려고 한다.

우선 8코어는 억지로 시간을 떼어 진행하는 것이 아니다. 책을 읽는 15분은 조금만 관심을 가지면 충분히 만들어낼 수 있는 시간이다. 테이프도 마찬가지다. 자동차로 이동한다면 차에 틀어놓아도 좋고, 틈틈이 들어도 문제가 없다. 누군가를 만나 후원하고 상담하는 일도 마찬가지다. 내가 읽은 책과 테이프를 함께 공유하거나 소개하는 것만으로도 자연스럽게 이루어진다. 미팅과 사업설명 또한 일상의 만남 속에서 이루어지며, 8번에서 강조하는 신뢰 쌓기 또한 어찌 보면 일상 속에서 자연스럽게 이루어지는 것이다.

즉 8코어는 각기 따로 움직이는 단계별 진행이 아니고 동시에 어우러져 종합적으로 진행된다고 볼 수 있다. 8코어로 생활을 변화시키면 굳이 의식하지 않아도 모든 것이 자연스럽게 이루어지며, 바로 여기에 8코어의 힘이 깃들어 있는 것이다. 다시 말해 8코어는 어려운 사업 진행이 아닌, 많이 읽고 쓰고 만나고 배려하는 일의 연장선이며, 반복할수록 강화된다.

반복만이 해답이다

물론 처음에는 모든 게 어렵게 느껴질 수도 있다. 그러나 노력 없는 보답이란 애초에 없으며, 인간의 힘은 계발할수록 커진다. 물론 큰 노력 없이 사업을 진행하는 사람들도 있다. 그러나 앞에서도 말했듯이 그런 이들의 사업은 오래갈 수 없다. 어떤 일에서 전문가가 되기 위해서는 끊임없는 단련이 필요한데, 그들은 이 과정을 겪지 않았기 때문이다. 반대로 8코어를 1년 이상 반복할 수 있다면, 그것은 일종의 자격증을 얻은 것과 다름없다. 그리고 이를 10년 반복하면 굳이 노력하지 않아도 삶 깊숙이 변화가 일어나면서 8코어의 모든 항목을 어려움 없이 실천하게 된다.

8코어가 어렵게 느껴진다면 한 가지를 생각하면 된다. 우리 대부분은 자신이 원치 않는 일을 하며 살아간다. 종일 사무실에 얽매여 있거나 새벽같이 일어나 가게 문을 열어야 하거나, 남의 눈치를 보며 일해야 한다. 이런 재미없는 일상으로부터 자유로워질 수 있는 방법이 바로 8코어의 실천이다. 이 8코어를 5년, 10년 진행해서 평생 돈 걱정, 노후 걱정 없이 살 수 있다면? 나 역시 이런 생각으로 어려운 순간들을 이겨냈다. 거북이 걸음으로나마 천천히 따라 하다 보니 오늘에 이르렀을 뿐, 사실 나는 독한 것도, 대단한 것도, 존경받을 만한 일을 한 것도 아니다.

무엇이건 첫걸음은 힘들게 마련이다. 첫걸음 떼기가 어렵다면 나의 블로그를 살펴봐도 좋다. 내가 실천한 8코어들이 빠짐없이 포스팅되어 있으니 참조할 수 있을 것이다. 세상물정 모르고 살아왔던 시골 아줌마가 해낸 일이다. 당신은 분명코 더 알차게 해낼 것이다.

04 8코어의 액션플랜

8코어로 성공한 사람들

나와 라인 미팅을 함께 하는 파트너들 중에는 8코어를 실천하는 이들이 많다. 다들 대단하신 분들, 열심히 사시는 분들이다. 결국 '얼마나 강력한 시스템을 가졌느냐? 얼마나 강력한 꿈을 가졌느냐?' 이다. 이런 분들일수록 소비자 전달력도 빠르고 인간관계도 유연하며 말씀도 잘하신다.

처음 시작한 분들, 1000~2000회 하신 분들, 남녀노소 다양한 분야에서 자신의 보폭으로 꾸준히 하신다. 노력만큼 성장해 가시는 모습을 보며 성공은 개인의 능력보다는 8코어 시스템의 힘이라는 것을 새삼 깨닫게 된다.

읽고, 귀 기울여라

8코어의 첫 단계는 책 읽기다. 크게 성공한 사람 대부분이 독서광이며, 부유한 상류층일수록 독서량이 현저하게 높다는 통계가 있다. 결국 독서가 한 사람의 사회적 성공에도 영향을 미치는 것이다.

책은 스스로 읽어 내 것으로 만드는 지식의 보고이다. 누가 설득하는 것도, 억지로 밀어 넣는 지식도 아니니 동기부여에 좋고 내 살이 되고 피가 된다. 뭘 읽어야 할지 선택하기 어렵다면 우선 스폰서가 추천한 책부터 차분히 읽으면 된다. 다만 읽다 보면 욕심이 생겨 여러 권을 성급히 읽으려 드는 경우가 많은데, 8코어 책읽기의 기본은 '10 by 10', 즉 기본이 되는 열 권의 책을 열 번 읽는 것이다. 고정관념을 없애고, 시대의 흐름을 읽을 줄 아는 안목, 내가 얼마나 무지한 사람인가를 깨닫게 해주는 곳, 변화해야 하는 이유, 꿈과 목표를 세우고 이루는 방법, 인간관계하는 방법, 공부해야 하는 이유, 모두 책을 통해 배웠다.

어떤 친구와 노느냐가 우리 삶을 결정한다. 성공자 친구, 부자 친구들과 10년을 놀다 보니 삶이 변화되었다. 노벨상 수상자들과 매일 두 시간씩 10년을 함께 보낸 사람과 텔레비전 연속극으로 두 시간씩 보낸 사람의 10년 후 차이는 하늘과 땅, 도저히 비교 자체가 안 된다.

책이란 많이 읽는 것보다는 여러 번 읽고, 줄도 치고 메모도 하며 읽어야 제대로 소화시킬 수 있다. 중요한 내용이 있다면 따로 기록하여 반복해 익히자. 괜찮은 내용을 주변 사람들과 나누면 복습도 되고 동기부여의 기능도 커지게 된다.

테이프 역시 책 읽기와 비슷한 효과를 준다. 우리가 성공이나 부와 거리가 먼 삶을 살았던 이유는 주위에 복제할 만한 성공자와 부자가 없었기 때문이었다.

성공하신 분들을 모시고 다니며 자동차에서, 부엌에서 일할 때, 사무실에서, 잠자기 전 침대에서 성공한 사람의 육성을 듣는 것은 엄청난 열정과 동기부여를 준다. 4년 동안 이 일을 반복하면 4년제 대학을 나온 것보다 큰 성과를 낼 수 있다.

나 역시 강연 테이프의 도움으로 성장했고, 꾸준히 하다 보니 강연을 하는 위치에 이르게 되었다. 테이프는 그냥 앉아서 듣기 어렵다면 운전하는 도중, 쉬는 시간 도중 또는 운동이나 산책을 하면서 얼마든지 들을 수 있다.

> **tip** **8코어 따라 하기 1, 2**
>
> **1) 하루 15분 책 읽기**
>
> 책은 자기계발과 성장을 도모하는 데 가장 용이한 방법이다. 하루에 15분에서 30분가량 읽으면 한 달에 평균 세 권 이상의 책을 읽을 수 있다. 책을 고를 때는 읽기 쉽고 기본서가 되는 책, 즉 시대의 흐름과 사업 비전, 시스템, 성공 습관, 인간관계 관련 책들로 시작하여 나중엔 전문적인 책, 시와 수필, 경영, 역사, 철학 등 다양한 장르의 책으로 순차적으로 읽어야 한다.
>
> **2) 매일 1개 이상 테이프 듣기(매일 유튜브, 동영상, 마플 하나 듣기)**
>
> 테이프는 올바른 사업 방식을 배우고 사업에 대한 올바른 이해와 열정을 유지할 수 있는 좋은 도구이다. 테이프를 들을 때도 한 번 스쳐 지나며 듣기보다는 들으면서 필기하고 정리하면 훨씬 도움이 된다.
> 유용하게 참고한 테이프는 같은 사업자나 파트너에게 권해 교육의 복제 효과를 누려야 한다. 이를 자료화해 놓는 것은 강의 자료 또는 파트너들에게 복제의 원본으로 사용할 수 있는 등 효율적인 사업 방법이 된다. 요즘은 유튜브나 마플, 카톡, 갤텝 등 SNS도구를 활용하면 본인뿐 아니라 전달도 용이하여 훌륭한 툴(TOOL)이 된다.

제품을 애용하라

　사업의 시작은 제품에 대한 확신을 가지면서 시작된다고 해도 과언이 아니다. 내가 해당 제품에 대해 모른다면 누구에게 이를 권할 수 있겠는가?

　우선 자신이 쓰는 제품들만 바꿔 써도 좋다. 나의 경우는 내 인터넷 매장에서 취급하는 김치부터 먹어보기 시작하여 자동차 보험, 가족들이 쓰는 스마트폰, yes24에서의 도서 구입을 비롯 살림에 필요한 모든 생활소비재도 모두 내 인터넷 매장 제품을 이용한다.

　이렇게 되면 내가 쓰는 소비조차도 내 매출로 연결될 뿐 아니라, 다른 사람들에게 제품을 소개할 때도 자신감이 생긴다. 작은 세제 하나라도 써본 사람이 더 실감나게 소개할 수 있다.

　이처럼 제품에 대한 확신이 들면 열정도 커진다. 반면에 내가 제대로 사용해보지 않은 제품은 설명하기도 까다롭다. 네트워크비즈니스는 결국 다양하게 두루 써본 사람이 그 특장점도 잘 설명할 수 있다.

　나 역시 적극적인 제품 애용으로 성장 속도가 빨랐던 케이스다. 유통 광고 사업이기에 사업의 맥은 100% 애용을 비롯, 시스템대로 하는 게 가장 빠를 것이라는 판단에 적극적으로 애용했던 게 중요했다.

　사업을 처음 접한 2000년도 7월에 김치를 처음으로 구매한 것에 이어 2000년 8월에는 온열 치료 매트를 구매했다. 허리가 아픈 남편을 위해서이기도 했고, 제품의 질을 시험해보자는 생각이기도 했다.

그런데 사업에 행운이 깃들려 했던 건지 효과가 좋았고, 이것이 자연스레 다른 제품에 대한 확신으로 이어졌다. 이후 지속적으로 제품을 구매하게 되었고 사용한 상품이 많아질수록 다른 사람들에게 소개하는 것도 그만큼 쉬워졌다. 그러다 보니 사업 성장이 빨라지고 사업 확장이 시작되는 임계점에도 빨리 이르렀다.

> **tip**
>
> ### 8코어 따라 하기 3
>
> **3) 제품을 애용하여 전문가가 되자**
>
> 제품을 100% 애용하는 것은 사업자의 기본사항이다. 나아가 제품을 구매할 때는 계획적으로 구매해 이점을 따져보고 사용법도 알려줄 필요가 있다. 이렇게 제품을 계획적으로 구매하면 불필요한 제품을 구매하지 않아 소비 습관에도 균형이 생긴다.
> 사용하던 제품이 떨어지면 일반 마트 대신 곧바로 나의 인터넷 마트로 옮겨 제품을 구매하는 습관을 6개월 정도하면 자연스레 100% 애용하게 된다. 제품을 사용하며 제품의 특성을 요약 정리하여 충분히 익히고, 제품을 전달할 때 사용할 수 있는 매뉴얼로 정리해놓으면 사업 확장이 훨씬 용이하다.

고객을 확보하고, 미팅을 활용하라

지금껏 해왔던 말 전부가 '이 사업의 첫 번째 고비는 바로 나 자신의 소비자 네트워크를 만드는 것'이다. 사업을 시작하고 난 뒤 비전을 보면 알려주고 싶은 사람들이 떠오르면 그 사람들과 접촉해 나와 함께할 사업자와 내 제품을 구매할 소비자를 구분한다. '5번, 고객을 후원하고 관리하라'에 해당되는 항목이다.

"필요하면 쓰세요, 좋으면 쓰세요, 싸면 쓰세요." 하면서 구축한 파트너 사업자 2~3명, 내 제품을 구매할 소비자 10~15명 정도다. 이들은 앞으로 내가 진행할 사업의 큰 그림을 그려나갈 수 있도록 해주는 핵심 자원인 만큼, 네트워크의 주춧돌로 삼아야 한다.

한편 많은 사람들이 이 단계에서 어려움을 겪고 갈등을 하게 된다. 여러 번 거절을 당하다가 결국 포기하는 이들도 적지 않다. 이때 필요한 것이 바로 행사나 사업설명회, 강연 등의 행사 참가다. 8코어의 4번에 해당되는 항목이다. 이 사업의 전문가들은 사업의 성공을 위해서는 최소 500시간의 행사나 미팅, 강연 참가가 필요하다고 말한다. 주 3회 6시간을 평균으로 잡으면 한 달에는 24시간, 1년에는 약 260시간, 약 2년이 지나야 채울 수 있는 시간이다. 그만큼 성실함과 시간 투자가 필요하다는 의미다. 알고보면 쉽고 단순한 사업임에도 네트워크 결성에는 많은 어려움이 따르는 만큼 정기적으로 행사와 미팅, 강연 등에 참가해 자신을 격려할 수 있는 힘을 얻고 노하우를 공유해야 한다. 이를 일종의 스쿨링 과정이라고 칭하는데, 쉽게 말해 수업을 받지 않으면 졸업하기 힘든 것과 같은 이치다. 또한 여기에는 앞서 진행한 테이프, 책 등의 동기부여 과정도 큰 도움이 된다. 잠재 고객과 잠재 파트너에게 비전을 보여주는 데 있어 책과 테이프는 아주 유용하다. 따라서 내가 먼저 많이 읽고 들어서 상대에게 적합한 것을 권해야 한다. 제품도 역시 내가 자신 있는 제품을 샘플로 가지고 다니며 선물로 드리는 것도 좋은 방법이며, 나 역시 이런 방법을 꾸준히 진행한 결과 좋은 성과를 얻을 수 있었다.

> **tip**
>
> ### 8코어 따라 하기 4, 5
>
> **4) 미팅에 100% 참석하라**
>
> 네트워크 사업은 미팅이 곧 사업이라고 할 수 있다. 미팅을 통해 받는 교육이 사업의 중요한 토대가 되기 때문이다. 미팅은 홈 미팅, 스폰서 미팅, 세미나, 강연, 교육 모두를 포함한다. 이 미팅을 통해 사업자들은 성공 지향적인 사람들과 교류하며 관계를 형성하고 경험과 노하우를 배우게 됨으로써 열정과 자신감을 높일 수 있다. 미팅 횟수는 주 3회가 적절

> 하며, 미팅 참석이 생활화되다 보면 사업 성장 역시 자연스레 이뤄진다.
>
> **5) 고객을 후원하고 조직하라**
>
> 미팅에서 배운 경험들은 고객 후원과 조직에 직접적으로 활용된다. 이 역시 혼자 진행하는 것보다는 미팅에 함께 참석하는 등 시스템을 활용하면 경험자의 도움을 받을 수 있다.
> 나아가 이 시기에는 미숙함이나 주변의 오해 등으로 많은 거절을 받으며 네트워크 조직에 어려움을 겪을 수 있다. 그러나 이 시기에 겪는 거절은 앞으로 사업을 단단히 유지해나가는 데 감정적인 단련을 쌓을 수 있는 기회인만큼, 좌절하지 말고 꾸준히 노력하며 최대한 스폰서와 미팅에서 만난 인맥을 풍부하게 활용하며 자신감을 되찾도록 한다.

대화로 풀어라

모든 사업이 그렇지만 휴먼 네트워크가 중심이 되는 네트워크비즈니스는 만남 자체가 사업이다. 사업을 활발하게 진행하고 싶다면 누구와 만나도 무리 없이 이야기를 진행할 수 있어야 한다.

흔히 달변은 타고난다고 말한다. 그럴 수 있다. 하지만 대화와 소통 역시 배워가야 할 덕목이다. 그렇지 않다면 최근 커뮤니케이션과 소통, 대화법을 가르치는 다양한 강연이나 학원들이 생겨난 이유를 설명할 수 없을 것이다. 즉 혼자 하기 어렵다면 홈미팅 등 자신의 의견을 발표하고 대화를 유연하게 나눌 수 있는 자리를 자주 찾아야 한다. 인간관계도 결국은 훈련과 반복으로 습득할 수 있는 기술임을 명심하고 자신감을 잃지 말아야 한다.

새로운 상대에게 사업설명을 하는 것(6번 항목)과 월간, 주간 사업 점검을 하고 상담하는 일(7번 항목)에도 이 같은 대화의 기술이 필요하다. 진심으로 대하면 닫힌 마음도 열리게 마련이다. 평생 함께 간다는 진실된 마음으로 다가가는 것과 당장의 이익을 위해 다가가는 것은 그 차이가 눈에 보일 수밖에 없다. 다만 현실적으로 이런 마음을 유지하기가 쉽지만은 않을 것이다.

처음 사업을 시작할 무렵에는 누구나 조급해지기 때문이다. 바늘 허리 매어 쓸 수 없듯, 조급함을 버리고 성의 있고 진실한 태도로 상대를 대하면 반드시 대가를 받는다는 점을 기억하고 의기소침해지거나 포기하지 말아야 한다.

또한 사업설명회라고 구구절절 모든 걸 설명할 필요도 없다. 좋은 제품에 대한 간략한 소개, 사업의 비전을 다양한 책이나 프레젠테이션 자료 등으로 눈에 보이듯 그려주는 편이 오히려 효과적일 수 있다. 이런 부분은 미팅 자리에서 스폰서에게 도움을 받을 수 있다.

스폰서와 시스템, 그리고 효율적인 도구, 지렛대 활용은 아무리 강조해도 지나치지 않다.

> **tip**
>
> ### 8코어 따라 하기 6, 7
>
> **6) 사업설명에서 자료를 전달하고 비전을 제시한다**
>
> 사업설명은 'SHOW THE PLAN', 즉 사업의 그림을 보여주는 과정이다. 이 과정을 훌륭히 수행할 수 있다면 사업 전달 기술의 큰 부분을 획득한 것과 다름없다.
> 즉 사업설명은 아마추어에서 전문가로 넘어가는 길목이며, 따라서 철저하게 배우고 연습하는 과정이 필요하다. 미팅 등에서 도움을 받고 같은 그룹끼리도 다양한 방식으로 설명 기술을 연습할 필요가 있다. 어느 정도 토대가 마련되면 수시로 진행하면 좋다.
> 갤탭이나 스마트폰 등 SNS 도구 활용 역시 효과적인 방법이다.
>
> **7) 상담 등 대화를 통해 사업을 점검한다**
>
> 이 사업은 파트너와 함께 나아가는 윈-윈의 사업이다. 때문에 어려운 일도, 좋은 일도 함께 나누며 사업적 어려움이나 전진도 함께 나누려는 자세가 필요하다.
> 무경험으로 사업이 가능함은 스폰서의 경험을 빌 수 있기 때문이다. 화

> 려한 개인기가 요구되는 수영, 달리기 경기가 아닌 팀워크가 요구되는 축구, 배구 경기와 같다. 공동의 목표, 성공을 위해 함께 중장기 목표를 세우고, 매월 목표를 세워 함께 나아가는 팀워크 사업! 어려움이 있다고 해도 그것을 숨기지 않고 서로 상의하며 해결, 성장해나가는 게 중요하다는 점을 명심하자.

신뢰를 쌓아라

 사업의 절반은 신뢰라는 말도 있다. 동네 구멍가게도 물건을 사는 사람에게 믿음을 주지 못하면 장사하기가 어려워지는 판에, 눈에 보이지 않는 사이버 매장에서 오직 네트워크로 진행하는 이 사업에서 신뢰를 쌓지 못한다면 어떻게 될까?

 실로 상품을 소개하며 그룹을 만들어가는 인적 네트워크를 기반으로 하는 네트워크비즈니스에서는 신뢰를 상실하면 곧바로 사업의 추락을 가져올 수 있다. 작은 실수로, 또는 지나친 욕심으로 신뢰를 잃게 되는 경우가 왕왕 있다. 신뢰는 오히려 작은 약속들에서 쌓인다는 점을 기억하고, 혹시 모를 불찰을 위해 아무리 사소한 약속이라도 꼭 지켜야 한다.

 자신도 모르게 제품을 부풀려 말하거나 사업에 대해 부풀려 말하는 등의 작은 거짓말도 위험한 행동이다. 네트워크비즈니스는 제대로만 이해하면 거짓으로 말할 필요가 없는 사업이다. 오히려 좋은 것이든 나쁜 것이든 솔직하게 말해야 한다. 사업 도중에 만나는 사람들은 모두 당신의 성공을 이끌어줄 사람들이다. 만일 이들을 잃는다면 사업 전체를 잃는 것과 다름없는 만큼 무슨 일에서건 솔직해져야 한다.

거짓말을 하게 되는 이유는 눈앞의 이익에 연연하여 조급해지기 때문이다. 그럴 때는 네트워크비즈니스는 장기 평생 사업임을 돌이켜보아야 한다. 단기 이익에 치중하는 사람은 반드시 무리한 언행을 하기 쉽고, 약속과 신뢰를 깨뜨리게 된다. 한 번 깨진 신뢰는 다시 극복하기가 어렵다. 따라서 사람을 만날 때는 단번에 이익을 얻겠다는 생각을 버리고, 그와 진심으로 동행하고자 하는 마음을 가져야 한다.

> **tip** **8코어 따라 하기 8**
>
> **8) 신뢰를 쌓는다**
>
> 신뢰를 쌓기 위해 가장 중요한 것은 두 가지다. 하나는 실력을 쌓는 일, 하나는 약속을 지키는 것이다.

사람들은 프로를 좋아한다. 제품과 사업설명, 후원, 상담의 프로가 되어야 한다. 제품과 사업에 대한 확신과 실력보다 친·인척, 친구 등 연고에 얽매여 사업을 전개하면 상처도 많이 입고 결국 한계에 이른다. 나아가 약속을 지키는 것에 대한 이야기는 몇 번을 강조해도 지나치지 않다. 작은 약속이건 큰 약속이건 지킬 수 있는 것만 하자. 아무리 큰 약속을 열 번 지켰더라도, 작은 약속을 한 번 어김으로써 그 신뢰에 금이 갈 수 있음을 명심해야 한다. 시간 약속, 금전 약속, 자신이 한 말에 대한 약속 등 지키지 못할 약속은 하지 말고, 한 번 정한 약속은 반드시 지킨다는 자세가 롱런 및 성공의 지름길이다.

05 다 함께 **복싱**, **댄싱**! 앞으로!

앞서 목표는 계속 진화하는 것이라고 말하였다. 나의 경우 예전 목표가 시간과 돈의 자유였다면 지금 목표는 삶의 균형을 잡아가는 것이다. 내가 말하는 삶의 균형이란 어느 하나도 놓치지 않겠다는 욕심과는 다르다. 오히려 무슨 일을 하건 과욕을 부리지 않고 즐겁게 해내는 것, 즉 인격적으로 성숙해지는 일이다.

지금껏 사업을 해오면서 수많은 사람들의 변화를 지켜보았다. 무작정 부자가 되겠다는 생각으로 달려들었던 사람도 결국은 성숙하고 긍정적인 사람으로 변모했다. 결국 이 사업의 가장 훌륭한 면은 바로 인격 도야의 기회까지 제공한다는 데 있지 않을까 생각한다.

이 사업을 하면서 다른 사람들에게 가르친 것보다 오히려 배운 것이 더 많다. 네트워크비즈니스는 새로운 정보와 지식으로 도전하는 일인 만큼 고정관념과 부딪히기 쉽다. 이때 주변의 좋은 인간관계가 나를 일으켜 세우고, 되돌아보게 하고, 한 걸음 나아가게 했다. "성공의 95%는 인간관계에서 나온다"는 말이 하나 틀림없는 것이다.

어깨에 힘을 뺄 때 비로소 오는 것들

사람은 누구나 자신만의 가치를 가지고 있다. 이 사업을 하면서 사업을 성공시키는 시스템은 다름 아닌 사람이라는 점을 새삼 다시 깨달았다. 일반 사업가나 직장인들은 내면에 100의 능력을 가졌다 해도 그것을 최대한 발휘하기가 어렵다. 관료주의와 정년이라는 한계, 대기업의 자본력과 기술, 기획력을 당해낼 재간이 없는 것이다. 반면 네트워크 비즈니스는 다양한 재능을 가진 사람들을 네트워크 안에서 갖게 되니 제대로만 하면 커질 수밖에 없는 것이다.

나아가 이런 사람들의 개별적 가치를 인정하고 존중하게 되면, 더 이상 조급해지거나 악다구니를 쓸 필요도 없다. 조화롭게 서로를 도와가며 부족한 점을 메워가며 하는 사업을 만들 수 있다.

물론 힘겨운 세상에서 때로는 모든 걸 걸고 악전고투하는 투사가 될 필요도 있다. 이 사업 초기가 그럴 것이다. 하지만 그 또한 마음속에 열정과 확신, 사업을 일궈가는 즐거움이 없다면 불가능할 것이다.

결국은 고통마저도 이기고 나아가는 복서의 기질, 나아가 고통마저도 즐기고 신나게 달려가는 댄서의 기질 모두가 필요한 게 이 사업이 아닐까 싶다. 실로, 만일 내가 내 주변 파트너들을 닦달하고 밀치고 복서처럼만 굴었더라면 과연 다른 분들이 나를 도와주었을까? 반대로 내 주변 사람들이 쉼 없이 전력 질주하듯이 조급하게 굴었더라면 과연 내가 이 자리까지 올라올 수 있었을까?

무엇이건 복싱 경기처럼만 하면 힘들겠지만, 때때로 그것을 댄싱처럼 춤추듯 하면 즐겁고 신나고 조절도 가능해진다.

요즘도 주변에서 회사와 제품, 시스템에 대해 불평하는 이들을 적잖이 만나게 된다. 대부분은 돈을 벌고 싶어하면서도 돈에 대해 부정적, 불편한 감정을 갖거나 사업 자체를 힘들게 여기는 사람들이다.

그런 사람들에게는 잠시 복싱 장갑을 벗고, 조화의 음악에 맞춰 춤을 출 댄스 신발 신기를 권해보고 싶다. 그러면 함께 전진할 때는 듬직한 복싱 친구로, 힘들 때는 얼마든지 댄싱 친구가 되어줄 이들이 분명히 보일 것이다.

즐거운 목표가 즐거운 사업을 만든다

힘든 일이 있을 때마다 이렇게 되뇌곤 한다.

"어차피 한 번 사는 인생, 즐겁기 위해 사는 거야. 나쁜 일은 빨리 잊자. 주어진 모든 일에 감사하자. 시련과 아픔, 외로움까지도 주시는 이유가 있을 것이다."

실로, 처음 이 사업을 시작했을 때를 돌이켜보면 어떤 난관도 두렵지 않았다. 당시에는 그저 꿈을 이룰 수 있는 기회가 주어졌다는 것만으로도 감사했으니까. 성공 확률이 비록 1%라고 해도 아예 없는 것보다 감사하다고 생각했으니, 대체 그런 절대 긍정이 어디에서 나왔는지 신기하기도 하다.

사업을 진행하면서도 마찬가지였다. 당장 들어오는 수입보다는 네트워크를 구축하는 즐거움이 더 컸다. 춤추듯 진행해도 이 사업에서 성공할 수 있다고 자신하게 된 것도 그 무렵부터였다.

여기서 한 가지 개인적인 고백을 하려고 한다. 이 사업에 미치지 않았더라면, 아마 나는 지금과는 아주 다른 엄마가 되었을 것이다. 분명 우리 아이들을 힘들게 했을 극성 엄마가 되었을 것이다.

스스로의 욕심을 괜히 아이들 괴롭히며 풀지 말라는 하늘의 배려인지, 다행히도 아이들이 중1, 중2 때 사업을 시작해 아이들이 수능을 본 11월에 사업자들에게 꿈의 직급인 오너 대열에 입성했다. 그 덕에 고3 엄마들은 다 앓는다는 고3병도 모르고 지나갔다. 심지어 아이들이 수능 보는 날에도 변함없이 내 일에 매진했으니 참 무던하였다. 그 무렵 큰애가 이런 말을 한 적이 있다.

"엄마, 두 시간만 자고 싶은데 깨워주실 수 있으세요?"

그때 나는 이렇게 대답했다.

"노력은 해보겠지만, 믿지 않는 게 좋을걸. 나도 졸려 죽겠어."

보통 엄마들이 보면 기겁할 일이다. 하지만 내게는 그럴 만한 이유가 있었다. 당시 나는 아이들을 닦달하는 것보다 나 자신이 꿈과 목표를 위해 열심히 사는 것을 보여주면 아이들도 자기 길을 찾아가리라 믿었다.

한 예로, 어릴 때부터 공부 잘하는 아이들은 공부를 재미난 게임, 편한 친구로 느낀다. 재미있으니 잘하고, 잘하다 보니 자신감이 생기고 칭찬을 받게 된다. 공부가 친구가 되니 꿈과 목표가 생기고 더 즐겁게 하게 된다.

사업도 마찬가지다. 나는 여태껏 해본 것 중에 가장 재미있고 잘한 일을 이 사업으로 꼽는다. 만일 공부를 이 정도로 했다면 서울대학, 하버드, 옥스퍼드 그 어디라도 갔을 거라는 생각이 든다.

결국 즐겁지 않으면 무엇이건 성공하기 어렵고, 즐거워지려면 자신의 환경을 인식하는 틀을 바꿀 필요가 있다. 지금 주어진 것에 감사하고 인생은 즐거운 것이라고 긍정하는 마음, 이 모두가 사업을 든든히 받쳐주는 버팀목이 되는 것이다.

tip **이혜숙의 어드바이스**

1. 리쿠리팅이 어렵다고요?

이 사업의 기본은 많은 사람을 만나는 것이다. 그래서 인맥의 사업이라고도 한다. 그럼에도 이 사업에서 겪는 가장 큰 어려움이 사람과의 대면이라는 것이다. 이는 이 사업을 하는 사람들의 통설이다. 하지만 찾고 노력하는 사람에게는 반드시 길이 보인다. 즉 어렵더라도 인맥을 쌓기 위해 할 수 있는 모든 노력을 경주하는 것이 중요하다.

이른바 SNS의 시대다. 다양한 소셜 네트워크는 네트워크비즈니스에도 강력한 영향을 미치고 있다. 예전에는 오프라인 위주였던 인맥들이 사이버 공간 안에서 이루어지고 있다. 이른바 인맥 쌓기의 신흥 풍속도가 펼쳐지고 있는 것이다.

필자의 경우 다양한 커뮤니티를 사이버에 두고 있다. 무작정 네트워크 비즈니스를 소개하는 대신 각자의 소속된 동아리에 맞게 부산방, 울산방, 안산방, 월요방, 화요방, 수요방, 목요방, 금요방 등 다양한 공감방을 두고 있는데, 이 공감방을 함께하는 회원만 약 600명이 넘는다. 오프라인에서 만나려 했다면 이 정도의 회합이 불가능했겠지만, 사이버 공간에서는 얼마든지 가능하다.

나아가 이런 온라인 모임은 평생건강, 평생친구, 평생직업이라는 세 마리 토끼를 다 잡는 공간이 되고, 비슷한 생각과 취미를 가진 동호인들끼리 모여 취미생활 겸 사업도 하고 더불어 성장하니 윈-윈의 공간이기도 하다.

현재 필자가 운영하고 있는 공감방 중에 취미와 추구하는 목표에 맞게 일본어를 배우는 방에는 156명의 회원이, 영어를 배우는 카톡방에는 310명의 회원이 드나든다. 헬스트레이너가 무료로 지도해주는 다이어트 방에는 총 56명의 회원이 등록되어 있다. 또한 테너와 알토, 소프라노를 배우는 합창방에는 42명, 독서미팅 방에는 40명, 마라톤 방에는 30명, 통신방에는 100명이 가입되어 있다.

영어회화 방과 일본어 방에서는 매일 아침 7분간 영어로 진행되는 '굿모닝 애브리원'과 3분간 일본어를 배우는 '곤니찌와 3분 강좌'가 제공되고 있다. 다이어트 방은 20대의 몸매와 피부를 유지하기 위한 토탈 헬스 그룹으로 물 한 컵과 식이섬유 섭취, 스트레칭으로 아침을 시작할 수 있도록 하루 세 번 메시지를 보낸다. 또한 인바디 측정, 평생 맞춤형 다이어트 역시 무료로 제공하기 때문에 호응이 매우 놓다. 일단 건강한 다이어트라 요요현상이 없고, 후속 조치까지 해주므로 함께 참가하다 보면 셀프케어가 가능해진다.

합창방은 첫 번째 무대에 올랐고 이번 연말에는 장애인 후원 자선회를 비롯 송년 모임 무대에 오를 예정이다. 2015년 봄 해외공연을 목표로 뛰다 보면 재미있는 일이 계속될 것 같다. 연봉 4천만 원 이상 되는 직급에 전원 달성, 해외 세미나에서 웰컴 파티나 페어웰 파티에서 공연을 할 것이다. 1년에 대여섯 곡씩 연습을 갈고 다듬어 CD 테이프를 내는 것도 나의 꿈이다.

마라톤 방은 즐겁게 건강관리하며 사업하자는 취지로 모인 모임이다. 금년 10월 최초로 20명이 춘천 마라톤에 참석, 참석자 전원 완주했고,

내년 동아 마라톤에는 더 많은 회원들이 참석할 예정이다. 혼자서는 어렵지만 서로 무리 지어 6개월에 한 번씩 축제에 참석 하듯 마라톤을 뛰며 꾸준히 운동하고 건강관리를 하면서 평생건강, 평생친구, 평생직업이라는 세 가지 취지를 달성하고 싶어서이다.

이는 일종의 평생교육이라는 모티브 아래 모인 회원들로서, 각자 무료로 재능기부를 통해 이루어지는 교류인 만큼 결속력도 강하고 공감대도 크다. 이것이 사업에도 긍정적인 영향을 미친다는 것은 두 말할 필요도 없을 것이다.

통신방은 빠르게 변화되는 통신정책과 정보를 공유하는 동호인들의 방으로 통신사업이야말로 연금성 소득이 가능한 사업이다.

나아가 이런 네트워크 구축에서는 한 가지를 명심해야 한다. 먼저 받기보다는 먼저 내어 주어야 한다는 점이다. 나는 네트워크비즈니스야말로 욕심과 무지를 버려야만 가능한 윈-윈의 사업이라고 믿는다. 이 공감방의 모티브를 평생교육에서 찾은 것도 그런 이유에서이다.

어떤 사업자들은 사람들은 돈을 보고 무작정 사업에 뛰어든다고 생각한다. 그것은 편견이다. 어떤 사업이건 '가치'가 있을 때 사람들의 주목을 받는다. 네트워크비즈니스도 마찬가지다. 다양한 가치 아래에서 서로의 가치를 나눌 때, 사업은 자연스럽게 따라오며 성장한다.

사람을 만나기 어려운가? 그렇다면 인터넷 네트워크를 이용해 내가 줄 수 있는 것을 생각하라. 작은 재능이라도 좋다. 그것을 나누는 순간, 여러분도 얼마든지 많은 사람들을 만나고 서로의 가치를 나누며 사업을 확장시킬 수 있을 것이다.

2. 사업 전달할 사람이 없다고요? 생각을 바꿔보아요. 너무 쉽고 재미있어요.

무척이나 긴 세월, 가슴앓이를 했습니다.
사랑 고백을 하고 싶은데 거절당할까 봐 전전긍긍하는 처녀처럼.
이야기를 꺼낼 생각만으로도 가슴이 쿵쾅거리고, 얼굴부터 화끈거려,
'그냥 다음에 하지……' 하며 말조차 꺼내보지도 못했습니다.

커피숍에서 할까? 집으로 찾아갈까?
편지를 써서 고백할까? 시나 책을 통해 간접적으로 나의 마음을 전할까……?
선물을 주며 할까? 영화 보며 살짝 전할까……?
가슴앓이만 하다 이번에도 말조차 꺼내보지도 못했습니다.

세상에 나 같은 처녀가 어디 있다고?
꿈과 목표 있지요, 건강하지요, 긍정적이지요, 비전 있지요, 언제나 열심히 공부하지요, 돈 잘 벌 수 있지요, 지혜롭지요…….

내가 얼마나 근사한 처녀라는 걸 알면 나를 만난 것을 고마워할 거라 생각하면서도 자신감이 없었습니다.
겨우 용기를 내어 프러포즈를 했지만 보기 좋게 거절, 또 거절, 거절, 처참하게 거절.
안타깝게도 '괜찮은 나'를 볼 줄 아는 청년이 너무나 없었습니다.

꿈과 비전, 미래, 성실보다는 우선 예쁜 여자, 애교 많은 여자밖에는 보질 못하는 너무나 안목이 짧은 이들뿐이었습니다.
5년, 10년 후에도 계속 예쁘지 않을 텐데, 애교가 바가지로 바뀔지도 모르는데…….

갑자기 여자 같은 거 안 하고 남자가 되고 싶었습니다.
을이 아닌 갑이 되고 싶었습니다.
선택되어지는 사람이 아닌 선택할 수 있는 위치가 되면 아프지 않을 거 같았습니다. 모든 걸 다 갖춘 킹카, 그래서 맘껏 고를 수 있는 멋진 청년의 위치에 있어보고 싶었습니다!

나를 만나면 돈 걱정, 집 걱정 같은 건 끝이야.
해외여행은 생활의 일부이니 영어 공부는 늘 해야 하고……
파티와 음악회가 많아 예쁜 드레스 입어야 하니 몸매도 관리해야 하고……. 여름엔 시원한 나라, 겨울엔 따뜻한 나라에서 휴양을 즐기며 골프장에 있을 거니 나와 살려면 골프도 배워야 하고…….
고급 호텔 스위트룸에서 끝없이 펼쳐진 바다를 보며 우아하게 와인을 마시면 어떨까?

끝없이 펼쳐진 설원을 2박 3일, 3박 4일 달리는 시베리아 철도 여행에서 마시는 따뜻한 커피, 그 커피를 마시며 우리는 어떤 이야기를 나눌까?
톨스토이, 도스토예프스키, 닥터 지바고…….

태평양 한가운데 배를 띄워놓고 밤새 훌라춤을 추다가 마시는 맥주 한 잔, 그때 우리는 뭐라고 하며 건배를 할까?
너도 나도 다 배꼽 내놓고 훌라춤 추고 나면 발가벗고 목욕한 것처럼 가까워질 수 있을는지.
삼바 춤도 간단한 스텝 정도는 배워둬야 할 것 같고…….
너무나 가고 싶었던 브라질, 아르헨티나……. 브라질에서 탄자니아는 얼마나 멀지? 지도가 어떻게 되는 거야?
다른 사람들은 감히 생각도 못하는 탄자니아 세렝게티 국립공원도 갈 수 있을 거야. 내가 좋아하는 킬리만자로의 하루를 거기서 불러줄게. 그 근처 어디라고 하는데…….

여행했던 곳들을 그리다 보면 세계지도가 만들어질 거야.
너무나 꿈같아 믿어지지 않겠지만 이 정도는 아주 기본 중의 기본이라고. 나는 당신이 원하면 무엇이든 다 해줄 수 있으니 무엇이든 이야기해봐.

이렇게 프러포즈해주는 청년이 있다면, NO라고 거절하시겠습니까?
물론 신체적, 정신적 건강은 기본으로 되어 있고, 에티켓과 자세가 갖춰진 이런 청년에게 딸을 내어주지 않으시렵니까?

이 청년은 우리의 드림메이커이며, 물론 저 자신이기도 합니다.
여러분, 정상에서 꼭 만납시다.

맺음말

힘들다고? 실패했다고?
좌절 대신 죽기 살기로 해보자!

지금껏 사업을 하면서 수많은 사람을 만났다. 그들 모두가 성공한 것은 아니다. 어떤 이들은 중도에서 포기했고, 상처만 입은 채로 떠나기도 했다. 반면 어떤 어려움에도 흔들리지 않고 굳건히 자리를 지킴으로써 소수에게만 주어지는 성공이라는 선물을 움켜쥔 이들도 있다. 무엇이 이들의 운명을 바꾸어 놓았는지 곰곰이 생각해보았고, 그 고민의 결과물로서 이 책을 내놓게 되었다.

지금 깨닫는 것은 바로 '멘토의 중요성'이다. 네트워크비즈니스는 다른 사업과 비교할 때 월등히 커뮤니케이션이 자유롭다. 하지만 이 커뮤니케이션이 한 방향으로만 이루어지거나 동기부여를 끌어내지 못할 때, 많은 이들이 어려움을 이겨내지 못하고 사업에서 멀어지게 된다. 나 역시 사업을 하며 힘든 순간이 많았고, 그 어려움을 함께 이겨낼 수 있는 친구나 멘토를 간절하게 원한 적이 많았다. 많은 분들이 그런 역할을 해주셨지만, 때로는 나 홀로 고군분투한 적도 많았다.

내가 이 책을 내게 된 것도 결국은 이런 순간, 다른 사람에게 도움을 줄 수 있다는 생각에서였다. 또한 지금껏 많은 이들이 가지고 있는 네트워크비즈니스에 대한 잘못된 인식을 바로잡고, 네트워크비즈니스야말로 노력한 만큼 얻을 수 있는 정직한 사업이라는 점을 알리고 싶었다.

이 책에서 나오는 모든 이야기들은 모두 내 경험에서 건져 올린 것들이다. 성공 신화라고 부를 만큼 대단한 것은 아닐지 몰라도, 최소한 내 삶 속에서 검증한 것들이니 지치지 않고 포기하지만 않으면 누구나 따라 할 수 있는 것들이기도 하다.

나아가 나는 기본적으로 네트워크비즈니스란 상생(相生)을 기본으로 하는 사업이라고 생각한다. 이 사업으로 성공하는 사람이 하나라도 더 많아져야, 그 곁의 사람들도 이 사업에 더 큰 꿈을 가지고 임할 수 있을 것이다. 이 책이 많은 사람들에게 작은 희망이라도 줄 수 있다면 더는 바랄 것이 없다.

이 책을 완성하기까지 늘 기도해 주신 부모님, 남편 하태완님과 사랑하는 창 P, 선배 스폰서님들과 파트너 사장님들께 감사를 드리며, 특히 많은 격려를 보내주신 안태환 이사님께 감사하고, 이 책을 출판해주신 모아북스 이용길 대표님께도 감사를 표한다.

함께 읽으면 더 좋은 네트워크비즈니스 도서

시작하라

장성철 지음 / 120쪽 / 값 6,000원
손에 잡히는 SUCCESS 총서 001

시대의 경제 흐름을 파악하고 미래를 예측하고자 하는 모든 이들을 위한 가이드북으로, 진정한 삶과 행복이란 무엇이며 성공에 대한 확신과 함께, 무엇을 준비해야 할지를 소개하며 1인 비즈니스의 로드맵을 제시한다.

네트워크 비즈니스가 당신에게 알려주지 않는 42가지 비밀

허성민 지음 / 132쪽 / 값 6,000원
손에 잡히는 SUCCESS 총서 002

네트워크 비즈니스라는 신개념 비즈니스에 참여하기에 앞서 반드시 짚고 넘어가야 할 핵심 42가지를 꼼꼼하게 제시한다. 네트워크 사업에 대한 깊이 있는 성찰까지 고루 담고 있는 만큼 처음 시작하는 이들에게는 필수적인 지침서 역할을 한다.

액션플랜

이내화 지음 / 208쪽 / 값 9,000원
손에 잡히는 SUCCESS 총서 003

평생직업의 시대에 든든한 자산이 되어주는 것은 인간관계임을 깨우치고, 고객의 개념을 어떻게 정립하고 어떻게 나의 고정자산으로 만들 것인지에 대한 방법론을 제시한다. 고객을 내 편으로 만들기 위한 사고의 전환, 행동의 전환을 유도하는 가이드북으로써 구체적인 고객관리 매뉴얼을 제시한다.

변화속의 기회

박창용 지음 / 94쪽 / 값3,000원

네트워크비즈니스 성공시스템1
많은 선진국들에서 가장 과학적이고 효율적인 비즈니스 시스템으로 인정받고 있는 새로운 비즈니스를 통해 자신의 꿈을 이루는 방법에 대해 소개한다.

초기 3개월 성공테크

김정흠 지음 / 86쪽 / 값3,000원

네트워크비즈니스 성공시스템2
네트워크 비즈니스는 훌륭한 성공 시스템을 통해 가장 효율적으로 성공에 도달할 수 있는 과학적이고 합리적인 사업이다. 하지만 처음 이 사업에 도전하는 이들에게 네트워크 비즈니스는 아직 첫 발을 성큼 디디기 어려운 미지의 세계처럼 여겨질 것이다. 사업 성공에서 가장 중요한 초기 3개월을 어떻게 보내면 좋을지를 살핌으로써 훌륭한 네트워크 비즈니스 초기 플랜을 따라가 볼 수 있다.

나우유턴

최병진 지음 / 144쪽 / 값7,000원

신개념 네트워크비즈니스에 대한 개괄과 실질적 사업 방향에 대해 살펴볼 수 있는 입문서로서 소비 패턴을 바꿔 그간 불필요하게 지불해왔던 유통비용을 나의 자산으로 전환시키는 방법에 대해 상세하게 다루고 있다. 또한 사업 초기 시 부터 정착을 위해 필요한 노하우와 함께 사업진행을 위해 단계별로 시작 할 수 있는 노하우를 구체적으로 소개하고 있다.

현대 의학을 넘어 각종 질병 예방과 함께
함께 읽으면 더 좋은 내 몸을 살린다 도서

각권 3,000원

정윤상 외 지음 / 전 25권 세트 / 값 75,000원

건강 적신호를 청신호로 바꾸는 건강 가이드 내 몸을 살린다 세트로 건강한 몸을 만드세요

① **누구나 쉽게 접할 수 있게 내용을 담았습니다.**
  일상 속의 작은 습관들과 평상시의 노력만으로도 건강한 상태를 유지할 수 있도록
  새로운 건강 지표를 제시합니다.

② **한 권씩 읽을 때마다 건강 주치의가 됩니다.**
  오랜 시간 검증된 다양한 치료법, 과학적·의학적 수치를 통해 현대인이라면 누구나
  쉽게 적용할 수 있도록 구성되어 건강관리에 도움을 줍니다.

③ **요즘 외국의 건강도서들이 주류를 이루고 있습니다.**
  가정의학부터 영양학, 대체의학까지 다양한 분야의 국내 전문가들이 집필하여,
  우리의 인체 환경에 맞는 건강법을 제시합니다

4,300원의 자신감

1판 1쇄 인쇄 | 2013년 12월 15일
1판 1쇄 발행 | 2013년 12월 27일

지은이 | 이혜숙
발행인 | 이용길
발행처 | 모아북스

관리 | 정윤
디자인 | 이룸

출판등록번호 | 제 10-1857호
등록일자 | 1999. 11. 15
등록된 곳 | 경기도 고양시 일산동구 호수로(백석동) 358-25 동문타워 2차 519호
대표 전화 | 0505-627-9784
팩스 | 031-902-5236
홈페이지 | http://www.moabooks.com
이메일 | moabooks@hanmail.net
ISBN | 978-89-97385-39-9   03320

· 좋은 책은 좋은 독자가 만듭니다.
· 본 도서의 구성, 표현안을 오디오 및 영상물로 제작, 배포할 수 없습니다.
· 독자 여러분의 의견에 항상 귀를 기울이고 있습니다.
· 저자와의 협의 하에 인지를 붙이지 않습니다.
· 잘못 만들어진 책은 구입하신 서점이나 본사로 연락하시면 교환해 드립니다.

모아북스 는 독자 여러분의 다양한 원고를 기다리고 있습니다.
(보내실 곳 : moabooks@hanmail.net)